기후 변화가 전부는 아니다

기후 변화가 전부는 아니다

초판 1쇄 인쇄 2024년 5월 10일
초판 1쇄 발행 2024년 5월 24일

지은이 마이크 흄 | **옮긴이** 홍우정
펴낸이 홍석
이사 홍성우
인문편집부장 박월
책임 편집 박주혜
편집 조준태
디자인 김혜림
마케팅 이송희·김민경
제작 홍보람
관리 최우리·정원경·조영행

펴낸곳 도서출판 풀빛
등록 1979년 3월 6일 제2021-000055호
주소 07547 서울특별시 강서구 양천로 583 우림블루나인비즈니스센터 A동 21층 2110호
전화 02-363-5995(영업), 02-364-0844(편집)
팩스 070-4275-0445
홈페이지 www.pulbit.co.kr
전자우편 inmun@pulbit.co.kr

ISBN 979-11-6172-918-3 03330

※ 책값은 뒤표지에 표시되어 있습니다.
※ 파본이나 잘못된 책은 구입하신 곳에서 바꿔드립니다.

Climatism

기후 위기를 둘러싼 종말론적 관점은
어떻게 우리를 집어삼키는가

기후 변화가 전부는 아니다

마이크 흄 지음 | 홍우정 옮김

Climate Change isn't Everything

풀빛

나는 2018년부터 몇 년에 걸쳐 이 책에 대한 구상을 머릿속에 그려 왔다. '앞으로 10년'이라는 과장된 표현과 카운트다운을 향해 똑딱거리는 기후 시계의 확산에 힘입어, 기후 변화를 둘러싸고 공포를 조장하는 담론이 커지던 시기였다. 당시 나는 이렇게 공포를 조장하는 표현이 왜 위험한지에 대해 주의를 환기하는 몇 편의 짧은 논문과 논평 — 학술 문헌과 더불어 블로그에 — 을 썼다. 2021년에는 내가 '기후주의'라고 부르는 이념이 촉매 작용을 거쳐 모습을 드러내고 있음을 느꼈다. 이 촉매 작용을 분석하는 데 내가 지도하는 케임브리지의 대학원생들과 함께한 독서 모임이 특히 도움이 되었다. 우리는 기후 변화의 많은 측면에 관해 활기찬 토론을 나누었다. 데이비드 듀랜드 델라크

르, 프레디 하츠, 막시밀리안 헤파치, 아넬린 케니스, 노엄 오버마이스터, 카리 드 프라이크, 톰 심프슨에게 고맙다. 그들이 내 생각에 던진 도전과 도발에 감사하는 한편, 이 책에서 내가 전개한 논증은 그들의 것이 아니라 분명히 나의 것임을 밝힌다. 내 의견에 확신을 불어넣어 주었던 통찰력 있는 익명의 독자 3명의 의견도 도움이 되었음을 말하고 싶다. 그들은 처음에는 책의 구상안을, 나중에는 전체 원고를 읽고 의견을 주었다. 동료 아사야마 신, 롭 벨라미, 아넬린 케니스 역시 원고 초안에 관해 값진 조언을 해 주어 고맙다. 또한 나는 폴리티 프레스의 편집자 조너선 스케렛의 적극적인 지지와 조언을 얻는 혜택도 누렸다. 모두에게 감사하지만, 이 책에서 표현된 모든 의견과 판단은 오롯이 내가 한 것임을 다시 말해 둔다.

마이크 흄

내전, 인종차별적 트윗(tweet), 그리고 홍수 참사

모스크에서 금요 예배가 끝난 시각, 시리아 서남부 소도시 다라에 대중 시위대가 밀려들었다. 수니파 이슬람교인 시위대 는 아사드Bashar al Assad 시리아 대통령의 보안 요원들이 최근 다라 에서 열세 살 남짓한 어린 남학생을 체포하고 고문한 일에 대해 항의하고 있었다. 이날은 2011년 3월 18일이었고, 그 후 몇 주 동안 (운동 단체와 지식인들의 주도로) 아사드 정권에 대항하는 반정 부 시위가 시리아 다른 도시들에서 일어났다. 다라에서 일어난 국지적 시위는 곧 국가적 민중 봉기로 번졌다. 아사드 대통령은 시위를 막으려고 애쓰며 무력 진압까지 자행했지만, 그해 9월까

---

* 소셜네트워크서비스인 트위터(현재 '엑스(X)'로 명칭 변경)에서 글을 올리는 일(편집 자주).

지 정부군과 새로 조직된 민병대인 시리아 반군이 거리에서 충돌하는 일은 시리아 몇몇 도시에서 줄기차게 목격되었다.[1]

이 봉기는 시리아 내전의 씨앗이 되었다. 이후 12년 동안 약 50만 명이 목숨을 잃은 것으로 추산되며 시리아 국민들에게 큰 고통이 이어졌다. 시리아 전체 인구 2,100만여 명 중 약 600만 명이 내전으로 난민이 되었으며, 비슷한 수의 사람들이 분쟁 때문에 나라를 떠나야만 했다. 교전이 격화하면서 유럽에 망명을 신청하는 시리아 난민 수가 급증했고, 2015년 여름과 가을 동안 절정에 달해 매달 3만 거 이상의 망명 신청이 쏟아졌다. 같은 시기에 코소보, 아프가니스탄, 알바니아, 이라크에서도 대규모로 난민이 몰려와 유럽의 문을 두드렸다.

그 결과로 유럽에서 발생한 2015년 이민자 위기에 정부와 야당 정치인들이 각기 다르게 대응하면서 유럽 전역에 큰 정치적 파란을 몰고 왔다. 많은 사람이 전쟁 이후로 남동부 유럽에 난민이 밀려든 일을 기후 변화 탓으로 돌렸다. 언론사들은 일제히 〈4년간의 잔혹한 시리아 내전, 기후 변화 때문〉, 〈시리아에서 기후 변화가 열어젖힌 '지옥문'〉, 〈시리아 테러 사태의 발단은 기후 변화〉와 같은 제목으로 목소리를 높였다. 이런 표제들은 2015년 동안 널리 퍼졌으며, 그때 이후 지금도 여전히 거론되는 특정 서사에 기름을 부었다. 바로 시리아 내전의 원인이 적어도 일부분은 인류가 유발한 기후 변화 때문이라는 것이다.

이야기의 내용은 이렇다. 2006년부터 2009년까지 수년간 이어진 가뭄은 시리아 북동부의 농업 지역에 가장 심각하게 타격을 입혔는데, 그 가뭄은 기후 변화로 생겼다. 가뭄 때문에 농사에 실패하자 많은 농민 노동자가 터전을 잃었고, 그들은 시리아 서부와 서남부의 마을 및 도시에서 일자리를 찾게 되었다. 이렇게 밀려든 농촌 이주자들이 이후 다라와 같은 도심지에서 발생한 정치적 불안의 원동력으로 보인다. 따라서 시리아 내전은 기후 변화의 결과이다.

이 '시리아 내전-기후 변화 논리'에 많은 관심이 쏟아졌다. 당시 미국 대통령 버락 오바마Barack Obama는 2015년 5월에 "기후와 관련된 가뭄이 내전으로 비화한 시리아의 초기 불안을 부채질했다"고 주장했고, 몇 달 뒤 존 케리John Kerry 당시 미국 국무장관은 "시리아 내전 직전에 시리아가 기록적인 최악의 가뭄을 겪었다는 사실은 우연이 아니다"라고 강조했다. 2015년 11월, 영국 왕위 계승자인 찰스 왕세자(현재 국왕-옮긴이)는 "시리아에서 벌어진 참극의 주요 원인 중 하나가 5, 6년간 끊이지 않은 가뭄 때문임을 증명할 타당한 근거가 있다"고 발표했다. 많은 다른 기관 및 단체도 이에 가세했는데 세계은행, '지구의 벗Friends of the Earth', 각 정부 보고서 및 합동 정부 보고서, 국방 싱크탱크, 학계, 운동 단체, 논평가 등 다양한 정치 신조를 가진 집단들이 비슷한 주장을 펴기에 이르렀다.[2]

기후 변화가 시리아 내전의 도화선에 불을 붙였다는 주장은 그해 12월 파리에서 예정된 중요한 국제 기후 협상 회의(제21차 유엔기후변화협약 당사국총회(COP21))가 코앞으로 다가온 몇 주 동안 크게 부각되었다. 이 주장은 뉴스 매체를 통해 퍼져나갔고, 수많은 소셜미디어 게시물로 꼬리에 꼬리를 물었으며, 국경을 넘어 밀려드는 '기후 이민자 물결'에 대한 공포를 부채질했다. 장 클로드 융커Jean-Claude Juncker 유럽위원회 위원장은 기후 변화가 이런 신규 이민 현상의 근본 원인 중 하나라고 확신했고, 다른 사람들은 유럽에 들이닥친 시리아 난민들을 '기후 이민자' 또는 '기후 난민'이라고 불렀다. 심지어 18개월 후인 2017년 3월에 앨 고어Al Gore 전 미국 부통령은 영국이 2016년 6월 투표(브렉시트 국민 투표)에서 유럽연합 탈퇴를 결정한 것에 이민자들의 유입이 작용했다는 점에서 '기후 변화'에 일부 책임이 있다고 주장하기도 했다.[5]

지지자들에게 '시리아 내전-기후 변화 논리'는 두 가지 이유로 중요했다. 그것은 2015년 이민자 위기를 기후 관점에서 설명했는데, 기후 변화가 인류의 길등과 이주에 미치는 영향이 이미 우리 곁에서 일어나고 있다는 점을 시사했다. 하지만 이런 논리는 일부 사람들의 믿음대로 혼란이 계속되리라는 예고이기도 했다. 온실가스 배출이 계속 증가하고 있기 때문이다. 오바마 전 미국 대통령이 2009년 12월 노벨평화상 수상 연설에서 강조했듯이 기후 변화는 "더 많은 가뭄, 기근, 집단 이주"를 일으킬 것이며, 이런 문제들이 "향후 수십 년 동안 더 많은 갈등에 기름을 부을 것"이었다. 군사 관계자들은 하나같이 입을 모아 기후 변화가 '위협 승수'(위험 가능성을 증폭하는 요소-옮긴이)라고 말한다. 지구 온도 상승으로 유럽에 도달하는 이민자 수가 반드시 증가할 것임을 주장하는 사람들에게 '시리아 내전-기후 변화 논리'는 미래의 전조로 보였으며, 미래 기후 때문에 정치 불안정성이 촉발될 거라는 경고에 신뢰성을 더했다.

인류가 유발한 기후 변화는 다른 방식으로 갈등에 불을 붙인다고 주장하는 사람들도 있다. 최근 연구에 따르면 트위터에 나타나는 혐오 발언(인종차별적이거나 외국인 혐오를 담은 내용)의 양은 실외 공기 온도의 영향을 받는다고 한다.[4] 연구자들은 2012년부터 2018년까지 유럽 전역의 여러 기후대에 퍼져 있는 6개 국가를 골라 일일 기온 데이터와 더불어 그곳에서 발생한 1,000만 건 이상의 인종차별적 트윗을 분석했다. 그들의 데이터는 인종차별적 트윗의 양이 기온 분포와 반비례한다는 사실을 보여 주었다. 인종차별적 트윗과 '좋아요'의 수는 일평균 기온이 섭씨 5도에서 11도 사이일 때 가장 낮았고, 이 범위는 '쾌적 기후대'라고 불리기도 한다. 그런데 지역 일평균 기온이 섭씨 5도 이하로 떨어질 때와 11도 이상으로 상승할 때에는 인종차별적 트윗이 나타나는 빈도가 큰 폭으로 가파르게 상승했다. 연구를 진행한 저자들은 이 결과들 사이에 어떤 인과성도 제시하지 않았다. 하지만 그들은 유럽 기후가 온난해질 것이기 때문에 미래에 "온라인상 인종차별적인 내용의 게재와 수용이 증가할 수 있다"는 결과를 보여 준다고 주장했다. 앞으로 30년 동안 쾌적 기후대를 벗어나는 날들이 유럽 대륙 여러 지역에서 증가할 것이기 때문에 저자들은 기온 상승이 소셜미디어에서 외국인 혐오와 인종차별주의를 악화시킬 것으로 보인다고 언급했다.

기후 변화 때문에 전쟁, 이주, 인종차별적 발언을 넘어 다른 형태의 파괴가 발생할 것이라는 시각도 있다. 2021년 7월 중순, 벨기에 및 룩셈부르크와 마주 보는 국경 지대인 독일 서부 아이펠산맥에서 며칠 동안 평소 한 달 치 강수량에 가까운 비가 쏟아졌다. 작은 강인 킬강과 비슷한 규모의 소하천들이 급류가 되어 휘몰아쳤고, 독일과 벨기에 국경 지대의 일부 강변 마을들이 침수되었다. 수십 년 만의 서유럽 최악의 홍수 참사로 여겨진 이 사건으로 피해 지역에서 200명 이상이 사망하고 피해 액수는 수십억 유로로 추산되었다. 과학자들은 온실가스로 온난해진 기후 탓에 이런 폭우가 발생할 가능성이 더 높아졌다는 사실을 지적했다. 많은 정치인이 이 재난이 기후 변화 탓이라고 목소리를 높였다. 당시 앙겔라 메르켈Angela Merkel 독일 총리는 피해 지역을 둘러보며 세계가 "기후 변화와의 전쟁에서 더 빠르게 움직여야 한다"고 주장했다.[5]

★ ★ ★

파괴적인 시리아 내전, 인종차별적 트윗 증가, 독일을 강타한 홍수 피해를 연결하는 것은 무엇인가? 바로 이 부정적인 사건들의 원인이 기후 변화라는 생각이다. 위의 세 가지 사건 모두 사회가 겪는 문제의 결과를 '해석하는' 탁월한 또는 결정적 요소로 기후 변화를 말하고 있다. 주요 공인들과 지지자, 운동가들은 이런 인과적 서사를 자신들에게 유리하게 적용하여 기후 변화를 '10년 안에' 멈추기 위해 '기후 변화와의 전쟁'을 더 강력하게 추진하자고 촉구한다. 이런 틀짜기framing의 의미는(항상 노골적으로 표현되지는 않더라도) 곧 전쟁 가능성과 인종차별적 트윗이 증가하는 것, 그리고 홍수 피해로 인한 고통을 줄이고 싶다면 미래 기후 변화 속도를 제한하는 것이 효과적인 방법이라는 뜻이다.

이런 사고와 논리의 흐름에는 호소력이 있으며, 최근 몇 년 동안 반박이 어려울 정도로 광범하게 확산했다. 하지만 이런 사고방식은 위험하기도 하다. 이것은 어떤 일련의 현실(세계의 기후를 재형성하고 있는 인류의 현재 활동과 관련된)에 이목을 집중시키고 그것을 세계의 모든 병폐를 보편적으로 설명하는 위치로 끌어올린다. 이런 사고방식은 변화하는 물리적 기후 여건을 증명하지만, 한편으로 기상 현상을 수많은 국지적 및 지역적 맥락과 동떨어진 것으로 만든다. 사실 그 맥락이야말로 기상 현상이 역사적·사회적·정치적·문화적·경제적·생태학적 체계와 상호 작용하는 방식에 따라 성립되는 것인데도 말이다. 이런 사고방식은 세상이 작동하는 방식의 여건을 만드는, 그리고 실제로 세계의 변화하는 기후와 그것이 생태계와 사회, 인류에 미치는 영향의 성격을 결정하는 더 복잡한 일련의 현실을 무시한다.

　그러면 앞서 언급한 사례들을 차례로 다시 보자. 인간이 배출한 온실가스로 인해 시리아 북동부에 생긴 가뭄이 시리아 내전의 원인이라기보다는, 아사드 대통령의 경제 및 사회 정책 때문에 악화한 민족적 긴장과 정치적 불만의 오랜 역사에서 내전의 근본적인 원인을 찾을 수 있다. 또 사람들이 인종차별적 트윗을 조장하는 이유는 집 밖의 실제 기온보다는 디지털 소통의 형식 변화와 문화적 규범과 정치가 외국인 혐오적 태도에 미친 영향과 더 관련이 깊다. 그리고 독일 아이펠산맥 계곡의 홍수와 그에 따른 피해는 폭우가 원인이기도 했지만, 이 지역 강들의 상류 유역에서 토지 용도를 변경(농장 확대, 초목 제거, 불침투성 표면 확장)했던 탓도 컸다. 기후 사건과 해로운 결과 사이의 단순한 연관성(또는 경우에 따라 통계적 상관관계)은 기후가 일차적인 원인 혹은 중요한 원인이라는 증거가 되지 못한다.

　앞으로 30년 이상에 걸쳐 기후 변화 속도를 제한하는 것은 바람직한 장기 목표이다. 하지만 그것을 전쟁을 예방하거나 인종차별주의를 완화하거나 홍수를 억제하기 위한 개입으로 오해해서는 안 된다. 이런 종류의 사안에 있어서 지구 온난화가 억제될 때까지 30년 또는 그 이상을 기다리는 것보다 해로운 결과를 억제할 더 좋고 빠른 방법들이 있다. 인종차별적 트윗이 증가하는 것이 걱정이라면, 그 문제를 해결하는 가장 효과적인 방법이 현재의 이산화탄소 배출량을 절반 수준으로 감축하는 것은 아닐 것이다. 온난화 감축 효과(인종차별적 트윗을 올리려는 충동을 완화하는 효과)는 적어도 30년 동안은 피부에 와닿지 않을 테니 말이다.

이 책의 목적은 모든 것을 기후 탓으로 돌리고 싶은 유혹에 대해 경고하는 것이다. '기후 변화를 막는 일'이 언제나 상황이 나빠지는 것을 막는 가장 좋은 방법은 아닐지도 모른다고 말하는 것이다. 나는 기후 변화가 어떤 유능한 힘으로 세계정세에 영향을 미친다 하더라도 그것을 훨씬 더 광범위한 맥락 속에 놓고 보아야 한다고 주장할 것이다. 기후 변화는 유일한 요소도 아니고, 가장 중요한 요소도 아닐 수 있다고 주장할 것이다. 그리고 무슨 대가를 치르더라도 '기후 변화를 막기' 위해 모든 수단을 동원하는 것은 때때로 진짜 변화를 불러올 수 있는 어떤 일을 하는 데 방해가 되기도 한다고 주장할 것이다.

* ★ *

불과 13여 년 전인 2011년, 나는 유수의 과학사 저널인 〈오시리스Osiris〉에 「Reducing the Future to Climate: A Story of Climate Determinism and Reductionism(미래를 기후로 환원하다: 기후 결정론과 환원주의적 서사)」[6]라는 논문을 게재했다. 그 논문에서 그 이전 몇 년 동안 자리 잡은 미래를 보는 특정 사고방식을 묘사하기 위해서 '기후 환원주의'라는 용어를 소개했다. 내 주장은 이랬다. 기후 환원주의는 마치 기후가 인간의 미래를 결정하는 유일한 조건인 양 미래를 기후 과학 예측을 통해서만 상상한다. 나는 이런 사고방식이 지닌 결함과 위험성을 지적했다. 그 논문은 오시리스의 40년 역사상 가장 많이 인용된 논문이 되었다.

10년도 더 지난 지금, 기후 환원주의의 새로운 변종이 자리 잡았다. 이 사고방식은 인류의 미래가 기후로 환원되는 데서 그치지 않는다. 현재도 기후로 환원된다. 동시대에 행해지는 정치가 하나의 가장 중요한 목표를 추구하는 일로 쪼그라들고 있다. 목표는 2030년 또는 2050년 또는 언제가 되었든, 어느 시점까지 탄소 배출량 넷제로를 달성하는 것이다. 이것을 세계 정치 활동 무대에서 다른 모든 목표에 우선하는 위치로 격상함으로써, 다른 모든 정치적 목표가 이 목표에 종속되도록 만듦으로써, 정치적·사회적 안녕 그리고 생태 복지에 관해 위험할 정도로 근시안적인 관점이 형성되고 있다. 10년 전에 나는 기후 환원주의적 사고방식이 미래를 상상하는 우리의 능력을 제한하는 방식을 우려했다. 지금 나는 그것이 오늘날 정치를 어떻게 옥죄는지에 관해 걱정한다.

기후 환원주의는 이제 완전한 이념으로 변신했다. 나는 그것을 '기후주의climatism'라고 부른다. 기후주의는 기후 환원주의에서 자라났지만, 더 만연하고 서서히 스민다. 동시에 더 교묘하고 떼어내기가 어렵다. 가장 극단적인 경우에 기후주의는 기후 변화 개념을 사용하여 세상의 문제들을 '자연화naturalize'한다. 세계가 직면한 문제들 — 탈레반의 승리, 산불 관리, 푸틴의 우크라이나 침공, 사람들의 이동 — 은 모두 기후와 관련된 일이 되고 있다(기후화climatize).

이런 사회적 결과의 '자연화'는 사람들이 과거에(아직도 가끔 벌어지는 일이다) 생물학적 인종 이론을 이용했던 방식과 흡사하다. 인종자별주의 사고에 따르면, 어떤 사람들은 흑인이기 '때문에' 학습에 어려움을 겪고, 동아시아인이기 '때문에' 수학을 잘한다. 기후주의 역시 이런 식이다. 어떤 나라들은 열대 기후대에 있기 '때문에' 경제적 실적이 좋지 않고, 다른 나라는 기후 변화 '때문에' 전쟁을 벌인다. 어떤 사람들은 기후 변화 '때문에' 이주한다. 바깥이 덥기 '때문에' 인종차별적 트윗에 '좋아요'를 누른다. 비가 너무 많이 왔기 '때문에' 홍수가 난다. 기후주의와 인종차별주의 사이의 본질적인 공통점은 세계의 복잡성(인간의 차별성이든 사회생태적 복지든)을 이해하는 일을 편파적이고 불확실한 과학적 프로젝트(생물학적 인종 이론이든 기후 모형화든)로 쪼그라들게 한다는 것이다.

뒤에서도 확실히 짚고 넘어가겠지만 기후주의와 인종차별주의는 물론 서로 다르다. 인간이 야기한 기후 변화의 현실도 인종차별주의와는 다르다. 인위적 기후 변화가 일어난다는 것은 과학적으로 잘 확립된 사실이고, 이는 기후에 관한 관념을 일정 부분 '비자연적'인 문제로 만들기도 한다. 인간이 기후 시스템에 영향을 미친다는 사실은 더 이상 기후를 단순히 '자연적'인 것으로만 이해할 수 없다는 의미다. 이제 기후는—최소한 부분적이라도—인간이 형성하는 어떤 것으로 이해해야 한다. 인간이 존재하지 않는 쌍둥이 지구가 있다면 그곳의 날씨 패턴은 지구의 날씨 패턴과 확연히 다를 것이다. 기후(자연 현상으로서)와 현재 발생하는 기후의 변화(인류가 상당히 영향을 미친)를 구분하는 일은 모호하고 딱히 특징지어서 말하기 어렵다. 대중적인 사고와 정치 담론에서 흔히 이 둘을 구분하는 작업을 빠뜨리곤 한다.

그래서 두 가지 문제가 단계적으로 발생한다.

첫째, 모든 기상학적 사건이 인간의 행위를 나타내는 대리 지표로 이해된다. 인간 행위의 궁극적 원천이 악의적이든(화석연료와 이해관계에 있는 이들), 악의가 없든(육류 소비자) 말이다. 기후에 남은 최후의 '자연성'은 자취를 감추고 만다. 이를테면 모든 허리케인과 폭염은 화석연료 기업, 식민주의, 자본주의, 아마존 벌목업체, 돈 많은 육식주의자에서 비롯된 결과로 보이고, 정작 허리케인과 폭염이 세계 기후의 자연적 특징이라는 사실은 잊힌다.

이것은 두 번째 실수로 이어진다. 기상 현상은 비슷한데 왜 지역에 따라 사회와 생태 복지에 미치는 영향이 다르게 나타나는지에 관한 정치 특성을 이해하려고 하기보다는, 오로지 '기후 변화 억제'의 정치에만 관심이 온통 집중된다. 이렇게 정치적 관심사의 범위가 좁아지는 것은 위험하다. 허리케인을 또다시 예로 들어보자. 2005년 8월에 허리케인 카트리나가 뉴올리언스 참사에 끼친 끔찍한 영향을 둘러싸고 끈질기게 제기된 질문은 화석연료를 태워 발생한 탄소나 열대 우림 벌목에 관한 정치가 아니라, 인종, 홍수 방재, 도시 계획의 정치에 관한 것이었다.

이 시섬에서 행여 있을 독자의 오해를 풀기 위해 분명히 말해 둔다. 허리케인이나 폭염이 해당 지역 기후의 자연적인 특징이라는 말이 곧 인간 행동이 그들의 강도와 빈도, 또는 둘 중 하나라도 바꾸는 것이 불가능하다는 뜻이 아니다. 마찬가지로 날씨와 극한 기후의 영향이 항상 그 지역의 사회적·경제적·정치적 요소와 관련 있다는 말이 우리가 에너지 시스템을 탈탄소화하고 산림과 토지를 전반적으로 더 지속 가능하게 관리할 필요가 없다는 뜻은 아니다. 나는 이 책에서 기후주의 이념과 그것에 뒤따르는 위험을 지적할 텐데, 그 과정에서 인간 행동이 이미 기후 패턴에 변화를 초래했고, 앞으로도 계속 그럴 것이라는 과학적 증거를 묵살하지 않는다. 그렇다는 증거는 확실하다. 마찬가지로 기후 변화를 완화하려는 노력, 기후 변화의 영향에 적응하려는 노력이 쓸모없거나 중단되어야 한다고 제안하는 것도 아니다. 내가 이 책을 통해 하려는 일은 기후주의 이념이 가진 협소하고 환원주의적인 시야에 반대하고, 기후 변화에 대한 도전을 일상의 정치에 접목하는, 한층 더 맥락이 있는, 섬세하고 다양하며 실용적인 접근을 옹호하는 것이다.

＊＊＊

지금부터 책의 구성을 간략히 소개하겠다. 제1장 ― 기후에서 기후주의로 ― 에서는 기후주의가 무엇인지 설명한다. 나는 기후가 인간사에 중요하다는 것을 분명히 말한다. 당연히 기후는 중요하다. 기후는 모든 인간의 생명이 그 속에서 살고 죽는 물리적·문화적 환경을 형성한다. 또한 세계 기후가 과거 그리고 현재의 인간 활동에 중대하게 영향을 받으면서 바뀌고 있다는 반박할 수 없는 사실을 분명히 밝힌다. 이런 기후 변화가 진행되고 있다는 사실은 인간과 다른 생물들의 삶 모두에 새롭고 도전적인 상황이다.

하지만 이런 물리적 현실에 대한 믿음이 그 자체로 기후주의가 되는 것은 아니다.

확실히 아니다. 기후주의는 사회적·정치적·생태적 현상에 대한 지배적 설명이 '기후 변화'라고 인식될 때, 복잡한 정치적·사회적·윤리적 도전들이 '변화하는 기후'라는 협소한 관점의 틀로 해석될 때 신념이 된다. 이런 신념이 단지 몇몇 개인의 수준에서 그치지 않고 사람들이 상당한 규모의 집단을 이뤄 그것을 분명한 사회적 진실이라고 주장할 때 비로소 이념이 된다. 기후주의 이념은 기후 변화 억제야말로 우리 시대 최고의 정치적 도전이며 다른 모든 것이 이 하나의 목표에 종속된다고 주장한다.

나는 다른 이념들과 마찬가지로 기후주의가 개인이나 조직, 계급, 문화, 사회 운동을 이끄는 교리와 신화 혹은 신념의 총체라는 의미에서 이념이라고 주장한다. 하지만 기후주의가 이념이라고 해도 그게 무엇이 문제일까? 이념들은 그 자체로는 '틀린 것'이 되지 않는다. 이념은 인간 정신의 필수 불가결한 구성물로서, 세계 속에서 목적성을 가진 집단적 인간 행동에 생명력을 불어넣고 방향성을 부여하는 데 반드시 요구되는 신념의 체계이다. 여러 가지로 '-주의'는 해롭다. 이를테면 인종차별주의, 성차별주의, 쇼비니즘, 테러리즘 등이 그렇다. 하지만 해롭지 않은, 적어도 항상 해롭기만 한 것은 아닌 이념도 많다. 인상주의나 채식주의, 복고주의, 제설혼합주의syncretism를 생각해 보라.

　기후주의 이념을 입 밖으로 꺼내 말함으로써, 나는 세계 속에서 사고하고, 주장하며, 행동하는 한 방식에 이름을 붙인 것이다. 그것은 어떤 형태의 정치적 행동에 생명력을 불어넣는 동시에, 자기 합리화에 빠지기 쉽고 차별적이며 억압적이기도 한 독특한 교리다. 기후주의는—다른 이념과 마찬가지로—우리가 세상을 보고 해석하는 방식에 색을 입히는 색안경과 같다. 실제로 기후주의는 오늘날 공공 생활의 많은 영역에 너무나 만연하고 깊이 스며들어 우리가 색안경을 쓰고 있다는 사실조차 알아차리기 어려울 지경이다. 생각과 발언, 행동 속에서 기후주의에 대한 의견을 드러내면—그리고 기후주의에 도전하는 것은—기후가 변한다는 현실을 훼손하거나 공공 정책을 개발할 때 기후를 고려하는 것의 중요성에 의문을 품는 것처럼 보일 수 있다.

　하지만 나는 기후 변화의 현실을 훼손할 생각이 없고, 그런 중요성에 의문을 제기할 생각은 더더욱 없다. 기후주의 이념에 반대한다고 해서 인간사에서 기후 변화가 중요하다는 주장에 반대한다는 뜻은 아니다. 인간이 기후 변화에 책임이 있다는 사실에 도전하는 것은 더더욱 아니다. 그러나 나는 기후주의 이념에 도전함으로써 현대 정치를 두 가지에서 해방하려고 한다. 첫째는 기후와 사회의 관계에 대한 과학적·결정론적인 관점이 주는 억압에서, 둘째로 미래 세계의 상태를 지구 온도의 운명 또는 이산화탄소 및 다른 온실가스의 대기 농도로 축소시켜 바라보는 위험한 근시안적 관점에서 해방할 것이다.

기후주의 이념은 지난 40년 동안 차근차근 성장한 끝에 이렇게 두드러진 위상을 차지하게 되었다. 이 발전에 가장 중요한 도움을 준 것은 기후 변화 과학과 사회과학 연구에서 일어난 일련의 역사적 변화들이다. 2장 '기후주의는 어떻게 생겨났을까?'에서 이 변화를 열 가지로 설명한다. 여기에는 기후 연구의 과학화, 지구 온도를 정책 대상으로 채택하는 것, 인간이 유발하는 기후와 자연적 기후를 구분하려는 노력, 변화를 실행해야 하는 시간적 기회가 점점 좁아지고 있다는 주장 등이 포함되며, 이때를 놓치면 '너무 늦다'는 주장에 관한 것이다. 이렇게 인식이 차근차근 변화를 거듭하자 영향력 있는 사상가, 지지자, 활동가들은 기후 변화 과학을 자신들의 정치적 작업에 활용할 수 있게 되었다. 나는 이런 유형의 사용이 기후주의의 전형적인 특징이라고 생각한다.

기후주의를 과학이 떠받치고 있다는 사실을 파악한 이상 '과학은 기후주의적인가?'라는 질문을 던지지 않을 수 없다. 그것이 3장의 내용이다. 3장에서 나는 기후주의 이념 때문에 기후 과학이 왜곡될 위험이 있음을 지적한다. 기후 과학이 무언의 압력을 받아 노골적인 정치 의제에 힘을 실어야 한다는 유혹에 빠질 가능성이 있다. 인간을 '본질화한 인종'이라는 렌즈를 통해 과학적으로 연구하는 것을 인종차별주의라고 부른다. 마찬가지로 사회와 지역, 문화를 '본질화한 기후'— 기후는 사회에서 독립적인 물리적 형태와 물질적 원동력을 가진다는 개념 — 라는 렌즈를 끼고 과학적으로 분석하는 일이 기후주의라고 불릴 수 있다. 이것은 과학에 영향을 준다. 개인이 세상에서 어떻게 행동해야 하는지에 대한 정치적·윤리적 주장의 근거를 과학적 방법론에 두는 일은 그것을 떠받치는 과학의 권위를 어떤 대가를 치르더라도 반드시 방어하려는 태도로 이어질 수 있다. 정치적 적수에게 어떤 약점도 보여서는 안 된다는 두려움 때문이다. 이미 설명한 대로 이런 방어적 태도는 과학에도 정치에도 좋지 않다.

그러면 도대체 기후주의는 왜 그렇게 만연한가? 4장 '거부할 수 없는 기후주의의 매력'에서는 기후주의의 호소력과 압도적 성장을 설명하는 데 도움이 될 기후주의의 몇 가지 특징을 살펴본다. 이 중 첫 번째는 기후주의가 세계의 현재와 미래 상태에 관한 거대 서사를 제공한다는 것이다. 기후주의 거대 서사는 충분히 포용적이고 유연해서 거의 모든 것 — 수면 부족부터 이혼율 증가, 유럽의 곤충 개체 수 감소, 텍사스의 전력망 장애 등 — 을 설명할 수 있다. 거대 서사로서 기후주의는 '진정한 사물의 상태'를 드러내는 다른 호소력 있는 이념들 — 민족주의, 묵시주의apocalypticism, 역사주의 등 — 과 매우 유사하다. 모든 거대 서사에는 한 가지 공통점이 있다. 바로 '특별한 지식'에 대한 끈질

긴 믿음과 확고한 지지로, 그것이 없다면 혼란스럽게만 보일 사회적, 문화적, 심지어 정치적 현상들의 존재를 설명할 수 있다는 것이다.

기후주의의 매력에 이어 5장 '눈을 가리는 기후주의의 위험'에서는 '기후주의가 왜 위험한가?'라는 질문에 대답한다. 기후주의가 위험한 이유는 다섯 가지다. 첫째, 기후주의는 항상 환경 결정론으로 치달을 가능성이 있다. 팀 마셜Tim Marshall이 2015년에 출간한 책《지리의 힘》[7]의 제목대로 인간 사회가 '지리의 포로prisoner'(책의 원제-옮긴이), 혹은 이 경우에 대입하면 기후의 포로라는 식의 믿음이다. 하지만 기후가 사회와 생태계에 미치는 영향은 항상 복잡한 사회적·문화적·정치적·역사적 요인이라는 조건을 통해 매개되므로 결과는 경우에 따라 매우 달라질 수 있다. 단일 원인에 기초한 설명은 대개 틀리고 때로는 위험하기까지 하다. 둘째, 기후주의는 추상적인 특정 수치 목표가 그때까지는 꼭 달성되어야 한다는 명백한 환경 결정론적 기한들을 채택함으로써 위험천만한 시간 부족 담론을 만들어낸다. 담론의 여건이 이렇게 조성되면 성찰하고, 숙고하고, 실험할 충분한 시간이 없다. 공공 생활의 모든 것이 '서둘러' 수행되어야 하므로, 의사 결정이 부실해지는 일이 잦다.

이것은 세 번째 위험으로 이어지는데, 바로 기후 변화의 비정치화이다. 공공 정치는 탄소 배출 넷제로를 위한 정치로 쪼그라든다. 모든 전체주의적 프로젝트가 그렇듯이 '목적은 수단을 정당화'한다. 여기서 네 번째 위험, 즉 기후주의 안에 도사리고 있는 반민주적 충동이 드러난다. 전체론적totalizing('전체주의적totalitarian'과 구분-옮긴이) 이념인 기후주의는 공공의 이의 제기를 허용하지 않는다. 기후주의는 기후 변화에 관해 말해도 되는 것과 말할 수 없는 것의 경계를 감독하려고 하는데, 기후 과학은 물론이고 기후 정치나 정책에 관해서도 마찬가지다.

마지막 위험은 기후주의의 근시안적 세계관 때문에 비뚤어진 결과를 초래하는 일이 잦다는 것이다. 기후주의 정책은 (당연히) 인간이 기후에 미치는 영향을 줄이려고 노력한다. 하지만 그 과정에서 빈번히 새로운 사회적·생태학적·정치적 위험과 불평등을 낳는다.

기후주의가 위험한 이념이라면, 대안은 무엇인가? 6장 '기후주의를 해독할 대안들'에서는 기후주의의 극단적 과잉을 해독할 방안을 제시한다. 모든 기후 예측이 품은 불확실성 인식하기, 기후 변화의 상상 속 '벼랑 끝'에서 추락할 거라는 두려움 버리기, 지식의 한계, 그리고 미래의 모든 복합적인 돌발 상황을 관리할 전략적 기획 능력에 한계가 존재한다는 사실을 겸허하게 받아들이기, 정치 집단에 따라 그리고 한 집단 내에서도 정치적 가치와 선호도가 다양하다는 사실을 인식하기, 사회생태적 복지 성과를 나타내는 (추상적이고 과학 방법론적으로 만든) 전 세계를 범위로 한 대리 지표를 통제하려고 애쓰는 대신에, 그런 복지에 직접적으로 연결되는 정책 목표 설정하기 등이다. 종합하자면 이 해독제들은 기후 변화의 도전을 인간사에 포함하는 더 실용적인 접근법을 제시한다. 기후주의 이념을 고수할 때보다 이런 대안적 태도를 취할 때 국가들 사이의 협상과 각 국가의 의사결정에 관련된 정치적·지정학적 현실을 더 잘 인식할 수 있다.

이 책에서 내가 주장한 내용은 잘못 받아들여질 위험이 있다. 따라서 7장 '그럼에도 예상되는 반박들에 대하여'에서 나는 몇 가지 비판 가능성에 대답하는 것으로 책을 마무리한다. 기후 과학이 호들갑을 떤다는 것이 아니라 일부 과장된 부분이 잘못되었다는 반론을 제기한다. 기후 변화는 존재론적 위기이고 최우선 과제로 해결되어야 한다는 것, 기후주의적 정책에서 '정의'가 훨씬 더 중요시되고 있다는 것, 자본주의 이데올로기에 맞설 대항 이데올로기가 필요하다는 것, 마지막으로 내가 기후를 부정하는 사람이라는 것에 대한 반박이다.

| 차례 |

기후에서
기후주의로

지난 200년 동안 아프가니스탄은 엄청난 갈등과 불행을 겪었다. 아프가니스탄은 19세기에 영국과 러시아가 날을 세운 제국주의 싸움인 이른바 '그레이트 게임'의 대상이었고, 지난 반세기 동안 소련과 미국 및 친미 서방 동맹국들의 침략에 시달렸다. 더 최근인 1996년부터 2001년까지, 그리고 2021년 이래로 재집권한 탈레반 세력(전투적 이슬람 및 성전(지하드) 주의 정치 운동)에 따른 내부 갈등도 겪고 있다. 이처럼 제국주의 침략, 지정학적 작전, 지하디스트 봉기가 일어나는 동안 아프가니스탄은 — 기후학자들의 전문 용어를 빌리자면 — 두말할 것 없이 '건조한 대륙'일 뿐이었다. 건조 기후와 반건조 기후를 가진 아프가니스탄은 여름에 뜨겁고, 겨울에 몹시 춥다. 가뭄은 고질적이고, 강우량은 불규칙한 만큼 늘 환영받으며, 농업은 불안정하다. 아프가니스탄의 기후 때문에 특정 생활 양식과 특수한 농업 관행이 생겼고 여전히 유지되고 있다.

　그런데 2021년에 탈레반이 모하마드 아흐마드자이Mohammad Ahmadzai가 이끄는 친미 민주 정부를 상대로 권력을 되찾은 이후, 아프가니스탄의 기후는 새로운 정치적 힘을 획득한 모양새다. 일부 서방 평론가들은 최근 아프가니스탄 기후에 생긴 '변화'가 탈레반 세력을 더 '강화'했으며 심지어 재집권을 '도왔다'고 평가한다. 한 저널리스트는 이렇게 주장했다. "올여름(2021년) 탈레반이 느닷없이 아프가니스탄 재점령에 성공한 결정적인 요인은 뻔하다. 바로 기후 변화이다."[1] '가뭄 또는 홍수로 파괴된 토양'으로 인한 새로운 농업 불안정성을 이용해 탈레반이 친미 성향인 전 정권에 대한 적개심을 퍼뜨리고 지지자를 확보했다는 것이 그 근거이다. 그에 더해 일부 청년들에게는 탈레반 수하에서 싸우며 버는 최대 10달러의 일당이 들쑥날쑥한 아프가니스탄의 기후 변화에 맞서 농사로 생계를 이어가는 일보다 더 매력적일 거라고 주장한다.

이것은 기후가 어떻게 기후주의로 (쉽사리) 이동하는지 보여주는 사례다. 한 국가의 명백한 물리적 기후를 인식하는 것에서, 정치 변화에 대한 확고한 설명을 통해 '기후 변화'를 제시하는 영역으로 나아간 것이다. 이런 사례는 현대인들 삶의 많은 영역에서 반복되고 있다.

기후에서 기후 변화로

기후는—이를테면 '기후 변화에 관한 정부 간 협의체(IPCC)'의 과학자들이 그렇게 하는 것처럼—순수하게 물리적 용어로만 정의할 수도 있다. 과학자들에게 기후는 '대기권, 수권, 빙설

권, 암석권, 생물권이라는 지구 체계의 다섯 가지 주요 구성 요소 사이의 점진적 상호 작용'의 결과이다. 또 한 장소에서 일상적으로 경험하는 날씨로서 현상학적으로 이해할 수도 있고, 많은 토착 민족 사이에서 구전을 통해 남아 있는 문화적 측면으로도 이해할 수 있다. 하지만 어떻게 정의하든 기후는 실재한다. 어느 방식이든 한 장소의 기후를 결정하는 대기 현상의 주기적인 리듬은 우리 삶의 전제 조건이다. 달리 말하면 우리는 기후가 없는 세상에서 사는 것을 상상할 수 없다. 대기가 뿜어내는 물리적 조건(우리가 '날씨'라 부르는 현상)에 아무런 질서나 유형이 없는 세계라면 그 속에서 안전하게 사는 일은 불가능까지는 아니더라도 쉽지 않을 것이다.

그렇다 하더라도 세계의 물리적 기후가 역사적, 지속적인 인류 행위의 집단적 무게에 큰 영향을 받는 방식으로 변화하고 있다는 사실에는 이제 논쟁의 여지가 없다. 전 세계적으로 날씨의 주기적인 리듬이 바뀌고 있다. 이 사실을 확립한 것이 한 세기 이상에 걸쳐 과학 국제 협력이 일군 중요한 성취다.[2] 이것은 어떤 이들에게 토착 언어 지식과 직접적인 경험을 통해 더욱 직관적으로 인식되기도 한다. 이런 변화는 인류와 지구의 모든 생명체에게 새롭고 도전적인 역학을 제시한다. 기후 변화의 의미는 세계에 현존하는 모든 사회적·생태학적·정치적 체계를 위협한다.

하지만 이 책은 내가 다른 책에서 상세히 다뤘던 기후나 기후 변화에 관한 것이 아니다.[5] 이 책은 점점 더 지배적인 양상을 띠는 특정 사고 유형을 명명하고 설명하고 도전하며, 그런 사고 유형의 결과로 나타나는 집단적 인간 행동의 본질에 관해 다룬다. 이 사고 유형을 나는 기후주의climatism라고 부른다. 그리고 나는 기후주의에 이데올로기라는 라벨을 붙인다. 이데올로기가 사회와 정치 세계를 분석하고, 그 세계 속에서 인간 행동의 지침을 제시하는 신념 체계라는 점에서 기후주의는 엄밀히 이데올로기다.

기후 변화가 물리적으로 실재한다는 단순한 신념만으로 기후주의가 성립하지는 않지만, 기후에 관한 이런 신념들은 과학적으로 표현되거나 문화적 매개를 통해 전달될 수 있다. 오늘날 세계적으로 작동하는 기후화climatization 과정(관심 사안들이 기후 변화와 접점을 가지게 되는 방식)을 그저 인식하는 것이 기후주의인 것도 아니다. 확실히 아니다. 기후주의 이념은 이보다 더 멀리 나아간다. 기후주의는 사회적·경제적·생태학적 현상에 대한 지배적인 설명이 곧 '인간이 초래한 기후 변화'라는 확고한 신념이다. 세계가 직면한 복잡한 정치적·윤리적 도전들은 다른 무엇보다 기후 변화라는 틀 속에서 해석된다.

하지만 나는 기후주의가 사회 정의와 정치적 자유, 미래의 번영에 상당한 위험을 초래하는 사고 유형이라고 본다. 이 장은 한 사람이 기후의 중요성을 인식하고, 인간이 기후 변화를 초래했다고 믿는 것에서 어떻게 기후주의 이념으로 나아가게 되는지 설명한다. 그를 통해 '기후 변화가 탈레반의 승리를 도왔다'고 주장하는 것이 어떻게 가능한지 설명할 것이다. 다시 말해 아프가니스탄의 기후와 그 변화의 물리적 특징을 인식하는 것에서, 어떻게 탈레반의 부상이 기후 변화가 낳은 결과라고 확신하는 쪽으로 나아갈 수 있는지를 보게 될 것이다.

기후에서 기후화로

기후화는 이전에는 기후와 대체로 또는 완전히 무관해 보였던 사안들이 주로 기후 렌즈를 통해 분석되고 이해되는 과정이다. 즉 기후에 미칠 수 있는 영향을 고려해서 음식을 선택한다면 식사는 기후화한다. 기후를 고려해 언제, 어디서, 어떻게 운동 경기를 할지 결성한다면 스포츠는 기후화한다. 막대한 전력을 소모하는 강입자 충돌기를 향후 어디에 신설해야 할지 결정할 때 이산화탄소 배출량을 고려한다면 고에너지 입자 물리학은 기후화한다. 환경 및 문화 현상이나 인간의 선택과 행동, 공공 정책 등 이미 기후화했거나 기후화가 진행 중인 목록은 많고 또 나날이 불어난다. 지난 수십 년 동안 인간의 이동성과 갈등, 도시 디자인과 교통 계획, 레크리에이션과 관광, 인구 출산율과

유행에 관한 (그리고 훨씬 더 많은) 문제들은 모두 기후화했다. 심지어 고래 보호도 이 목록에 이름을 올렸다. 예컨대 고래 개체 수를 18세기의 포경 산업 이전 수준으로 되돌리면 미래에 지구 온도를 섭씨 0.05도가량 낮출 수 있을 거라는 주장도 있었다. 고래 수가 증가하면 상당한 양의 이산화탄소를 대기로부터 뽑아내 바닷속에 폐기 처리할 수 있기 때문이다.[4]

기후화 추세를 보여 주는 다른 사례들도 있다. 군사 부문을 예로 들어 보자. 2019년 헤이그에서 열린 세계 안보에 관한 회의에서 '기후와 안보 국제군사위원회'(International Military Council on Climate and Security, 이하 IMCCS)가 출범했다. IMCCS는 군사 지도자와 안보 전문가, 안보 기구들로 구성된 글로벌 네트워크로, '기후 변화가 국제 안보에 초래할 위험을 예측, 분석하고 문제 제기'를 위해 노력한다. 위원회 강령에는 다음과 같은 선언이 실렸다. "기후 변화는 21세기 지정학적 지형에 전례 없는 위기를 초래하고 있다. 군대는 이런 위기를 예방하고 대응책을 마련하는 일을 지원할 책임이 있다."

군사 강국들의 기후화는 군대 자산과 시설에 기후 변화가 미치는 영향을 평가하고 '녹색 국방' 등의 용어를 사용하는 방식으로 나타난다. 구체적 사례로 영국 의회 국방위원회는 국방과 기후 변화에 관한 정기 청문회를 개최한다. 군사 강국들의 기후화는 기후 변화를 '위협 승수'로 규정하고, 기후 때문에 촉발된 갈등을 구실로 군대를 '인도적 지원과 재난 구호'에 동원하고 무력 투입의 정당성을 내세우는 행태로 나타났다. 일각에서는 군사 활동으로 발생하는 온실가스 배출량을 별도로 산출하고, 전쟁이 기후에 미치는 영향을 고려해서 군사 작전을 수립하라고 요구하기도 한다.[5]

인도 국제 관계 전문가 다나스리 자야람Dhanasree Jayaram은 이런 식의 기후화가 인도 군대 내부에서 어떻게 진행되고 있는지 자세히 설명한다. 한 사례로 인도 해군 본부는 '녹색 부대Green Cell'를 창설해 전 해군 조직에 걸쳐 '녹색 계획'의 이행 상황을 조정하고 감독하게 하는가 하면, 예비군 격인 인도 지역방위군은 최근 몇 년 동안 8개 대대가 참여하는 생태 전담 조직(TF)을 결성했다. 생태 TF는 육상의 극심하게 황폐화한 토지를 삼림화하는 임무를 맡았는데, '군대식의 업무 문화와 헌신' 덕분에 민간 당국보다 더 효율적으로, 확실하게 해당 과업을 수행할 수 있다는 이유였다.[6]

같은 맥락으로 국제 지정학적 안보 또한 기후화했다. 2007년부터 유엔 안전보장이사회(이하 안보리)에서 진행된 일련의 토론을 거치며 기후 변화는 국제 관계와 안보의 틀을 짜는 지배 담론이 되었다. 정치학자 루실 마르텐스Lucile Maertens는 여기에서 기후화가 전략적·도구적·상징적인 세 가지 양상으로 나타난다고 설명했다. 전략적으로, 일부 회원국은 '기후 변화에 관한 유엔 기본 협약(UNFCCC, 약칭 유엔기후변화협약)'이 아닌, 유엔 안보리에서 기후 변화에 관한 안건을 논의하는 것을 부추김으로써 국익을 추구한다(안보리에서 더 영향력을 발휘할 수 있다고 판단하기 때문이다). 도구적으로, 안보리는 국제 기후 거버넌스의 실패를 무마하려고 안보 우려를 기후와 접목한다. 유엔기후변화협약이 실패한 것을 안보리는 해낼 수 있다는 식이다. 상징적으로, 안보리의 기후 담론은 국제 사안에 관한 안보리의 중요성을 강화하고, 글로벌 '비상사태'를 관리하는 주요 거점이라는 위상을 차지하려고 노력한다. 이런 과정은 기후 거버넌스를 다룰 다른 잠재적 협의체보다 유엔 안보리의 정치적 입지를 부각시키고 활동을 확대하는 결과를 낳는다.[7]

다음 사례는 환경 재난이다. 스티븐 그랜트Stephen Grant와 동료 연구자들은 2009년 방글라데시에서 기후화가 형성되는 과정을 관측했다. 방글라데시 재난과 열악해진 환경 여건의 원인으로 기후 변화가 지목되었을 때였다. 그들에 따르면 열대성 저기압 때문에 생긴 홍수가 단순히 '기후 변화의 결과'로 설명되거나, 방글라데시 일부 해안에서 일어난 바닷물 범람을 기후 변화 탓으로 여기면서 '기후화'가 나타났다.[8] 비슷한 일이 산불과 관련해서도 일어난다. 산불은 어디서든 발생하는 자연 현상이고 실제로 생태계를 건강하게 유지하기 위해서도 꼭 필요하다. 그런데도 최근 대중의 상상 속에서 산불은 기후 변화의 '대변인'과

다름없는 이미지를 가지게 되었다. 하지만 한때 산불 진화 대원이었던 역사학자 스티븐 파인Stephen Pyne은 저서 《산불세: 인류는 어떻게 화재의 시대를 창조했는가? 우리에게 닥칠 미래는?(The Pyrocene: How We Created an Age of Fire, and What Happens Next)》에서 산불에는 기후 변화로만 설명할 수 없는 많은 요소가 있음을 보여 주었다. 실제로 최근 산불이 기후와 접목되는 많은 이유 중 하나는 역설적으로 지난 수십 년 동안 인류가 지나치게 자연 산불을 진압했다는 점이다.[9]

기후화의 아주 색다른 예는 종교 역사 연구에서 등장한다. 역사학자 필립 젠킨스Philip Jenkins는 《기후, 재난, 신앙: 기후 변화가 어떻게 종교의 격변을 이끌었나?(Climate, Catastrophe and Faith: How Changes in Climate Drive Religious Upheaval)》에서 지난 천 년 동안 발생한 기후 '충격'과 주기적 변동이 전 지구적 종교 신념과 신앙 실천의 모습을 바꾼 방식에 관한 주장을 전개했다. 젠킨스는 기후 변화가 종종 종교 변화를 동반했다고 주장한다. '중세 성기 (대략 기원후 1000년부터 1350년까지-옮긴이)의 온난 기후와 번영'이 유럽에서 가톨릭 교리를 형성했고, 근대 초기의 소빙하기가 기독교인들을 이슬람 세계에서 소수 집단으로 전락시키고 중국에서 박해받게 했다는 것이다. 젠킨스는 이렇게 종교의 역사를 기후화함으로써 종교 부흥과 이단, 박해, 이주와 같은 복합적인 사회 문화 현상을 간단하게 설명한다.[10]

이런 사례들이 보여 주듯이 세계의 과거, 현재, 미래를 기후화하는 이면에는 다양한 동기가 있다. 복잡한 현상에 대한 간단한 설명을 찾고 싶은, 말하자면 인간의 본능적인 반사와 같은 욕망이 동기가 될 수 있다. 우리는 이런 욕망이 종교 현상과 화재 위기 같은 소재에 적용되는 것을 확인했다. 하지만 그 욕망은 내전, 자살률, 경기 침체, 세계적인 전염병 대유행은 물론, 많은 다른 사안을 기후화하는 데도 작용하고 있다. 또한 이런 기후화 추세의 또 다른 동기는 해당 쟁점 지지자들이 의도한 정치적 목표를 달성하는 데 도움이 될, 기후 변화와 연관된 물질적·상징적 자본을 이용하려는 바람일지도 모르겠다. 쟁점이 기후화하면 활용할 수 있는 특정 자원(재정적·정치적으로)을 획득하기가 쉽다. 쟁점에 '기후 변화와 관련'이 있다는 라벨을 붙이면 대중 매체는 더 주목하는 경향이 있고 따라서 주장에 더 큰 대중적·정치적 관심을 확보할 수 있다.

기후화는 매력적인 전략이기도 한데, 문제의 근본 원인(기후 변화와 거의 관련이 없을 수도 있는)에서 대중의 관심을 돌릴 수 있기 때문이다. 일부 정치 주체는 사실 근본 원인이 계속 어둠 속에 숨어 있기를 바라는지도 모른다. 앞에서 언급한 방글라데시 재난의 경우, 2009년에 사이클론 '아일라'로 일어난 지역 파괴는 제방의 유지 보수가 부실했고 가장 취약한 해안 지대에 인구가 급속도로 유입된 탓이었다. 그리고 그 지역의 해수 잠식은 굵

직한 주요 강에 댐을 건설하고 농지에 물을 대려고 얕은 염수를 퍼낸 탓이 컸다. 방글라데시 재난 당시 영국 일간지 〈가디언〉은 〈"적을 보았다" 기후 변화와 싸우는 방글라데시〉라는 제목으로 기사를 썼다. 이와 대조적으로 그랜트가 이끄는 연구팀은 방글라데시 재난을 대수롭지 않게 기후 문제로 치부하는 것을 경고한다. 연구팀은 "기후화는 태만이나 부실 관리를 은폐하는 수단으로 쓰인다"며 "재난을 기후화하면 핵심적인 취약성이 간과될" 위험이 있다고 언급했다.[11] 비난의 화살을 돌리는 이런 식의 '물타기'는 기후주의의 중요한 특징인데, 다음 장들에서 논의할 것이다.

기후화에서 기후주의로

물리적으로 변화하는 기후와 담론적이고 정치적 과정인 기후화가 결합하자 정치학자 슈테판 아이쿠트Stefan Aykut와 루실 마르텐스가 '기후 논리의 형성'이라고 묘사한 것이 생겨났다(〈표 1〉 참고). 그들이 말하는 '기후 논리'는 네 가지 특징을 지녔는데, 오늘날 대중은 이 특징이 잡은 틀대로 기후 변화의 개념을 생각하는 경향이 심해지고 있다. 첫째로, 기후와 기후 변화는 과학 조사의 결과를 통해서만 이해된다. 기후는 '과학화'되었다. 두 번째는 처음과 긴밀히 연관된 것인데, 기후는 지구 행성의 관점으로만 이해된다. 기후는 '세계화'되었다. 과학화와 세계화라는 두 특징은 기후 변화 담론이 그야말로 어디에도 발을 딛지 않은 관점을 표현하고, 전 세계가 공유하는 보편적 시선을 던진다는 것을 의미한다.[12] 기후 변화를 이런 틀에 집어넣게 된 몇 가지 기원을 2장에서 살펴볼 것이다.

두 사람이 제기하는 기후 논리의 세 번째 특징은 기후 변화 논쟁이 먼 미래를 다룬다는 점이다. 지구에 관한 장기적이고 전략적인 계획이 바람직할 뿐 아니라 가능하다고 믿는다. 인류 역사상 지구 거버넌스에 관해 이런 야망을 품은 적은 없었다. 기후 논리의 마지막 특징은 해결책을 지향한다는 점이다. 기후 변화에 대응할 시장 기반 또는 기술 기반 해결책이 있으며, 그것을 찾아서 시행하고 추진하면 된다는 입장이다. 이런 해결 지상주의가 나타난 모습 중 하나가 탄소 배출량 측면에서 모든 공공 정책을 계량화하고 평가하는 '탄소 환원주의'의 부상이다. 또 다른 예는 태양 기후 공학과 관련한 '기술적 해법techno-fix'을 사용하면 지구 온도를 조절할 수 있다는 욕망이다. 다음 쪽에 등장하는 〈표 1〉에서 급부상한 기후 논리의 특징들이 지닌 문제를 없앨 수단 역시 제시하고 있음에 주목하자. 나는 6장에서 이에 관해 더 논의할 것이다.

그러나 〈표 1〉에서 요약된 네 가지 특징은 '기후 논리의 형성'을 표현하는 것 이상으로 의미가 있다. 나는 한 단계 더 나아가 이 특징들이 기후주의를 이데올로기로 만들고 유지하는 몇 몇 핵심 요소가 된다고 말하고 싶다. 뒤에서 기후주의 이념의 특징 중 일부를 살펴보겠지만, 여기서는 기후주의를 부상하게 한 사고의 흐름에 주목해 주기를 바란다. 처음에는 기후와 기후 변화에 대한 연구에서 시작하고, 그런 다음 미래 기후를 기반으로 세계의 미래 조건을 예측하는, 내가 '기후 환원주의'라고 부르는 것으로 확장된다. 이것은 환경, 문화 현상으로 확장되어 결국 공공 정책까지 대상으로 삼는 광범위한 기후화로 이어진다. 이런 기후화 과정의 정점이 기후주의 이념이다.

특징	표현형	해독제
과학을 통해서만 파악	어디에도 발 딛지 않은 관점	다원적인 앎의 방식
지구 행성의 관점	세계화한 시선	대안적인 세계성 획득
장기적 검토	전략적 계획	참여형 미래 진단
해결책 지향적	탄소 환원주의	사회 변화

표 1. '기후 논리' 형성의 네 가지 특징(출처: Aykut and Maertens, 《The climatization of global politics》 중에서 발췌, 편집)[13]

비슷한 사고의 흐름은 다른 영역, 이를테면 과학주의, 인종 차별주의, 글로벌리즘 등의 이념으로 이어지는 분석·담론·행동의 영역에서도 관찰된다. 과학화scientization는 우리가 주위에서 보는 모든 현실을 과학적 방법론으로 드러나는 물리적 특성과 물질적 원인으로 설명할 수 있다고 여기는 사고 과정이다. 이 사고 과정은 세계에 관해 떠올릴 수 있는 모든 질문에 과학이 답을 내놓을 수 있다고 믿는 이데올로기(인간 행동을 이끄는 사고의 해석 패턴, 확립된 믿음), 즉 과학주의로 흘러간다. 인종화racialization 역시 마찬가지다. 인종화 과정에서 인간 집단과 그들의 정체성은 인종에 따라 '자연스럽게naturally' 정의된다. 그런 다음 인종차별주의는 그렇게 인종화한 집단들이 타고나길 서로 다르고 저마다 독특해 각 집단에 소속된 개인 역시 집단에 따라 등급이 나뉘고 평가받으며 대우받을 수 있다는 이데올로기, 즉 확립된 믿음이 된다.

세계화globalization도 다르지 않다. 추상적 관념, 사실의 집합, 물질의 관계망과 흐름이 질적으로나 양적으로 세계적인 것으로 해석되고 그렇게 받아들여진다. 그러면 글로벌리즘은 전 세계라는 단위만이 오로지 지성적·문화적·경제적·정치적 활동과 영향력을 불러일으키는 적절한 영역이라는 이데올로기, 즉 확립된 믿음이 된다.

같은 방식으로 설명하자면, 기후화는 점점 더 많은 공적·정치적 사안이 기후 변화 때문에 형성된 것으로 이해되는 과정이다. 그렇게 기후주의는 모든 사회적·경제적·생태학적인 현상들의 지배적인 설명이 인간 때문에 생긴 기후 변화라는 확립된 믿음, 즉 이데올로기가 된다. 이 논리 속에서 복잡한 정치적·사회생태학적·윤리적 문제와 도전들에 대한 해결책 또는 적절한 대응책은 무엇보다 먼저 기후 변화의 원인을 제공하는 인간의 활동을 저지하는 것이 된다.

기후주의는 다음과 다르다

'기후주의'라는 말이 이제껏 널리 사용되지는 않았지만, 내가 새로 만든 단어는 아니다. 기후주의라고 콕 집어 언급하고 기후주의가 무슨 뜻인지 서술한 책은 내가 아는 한 하나인데 바로 스티브 고어햄Steve Goreham이 쓴《기후주의! 과학, 상식 그리고 21세기 가장 뜨거운 주제(Climatism! Science, Common Sense and the 21st Century's Hottest Topic)》[14]이다. 여기서 애초부터 내가 이 단어를 무슨 뜻으로 사용하는지 밝히는 것이 중요하다. 미국의 자유의지주의자libertarian인 고어햄은 내가 사용한 의미와 전혀 다르게 이 단어를 쓴다. 고어햄에 따르면 '기후주의는 인류가 만든 온실가스 배출이 지구 기후를 망치고 있다는 믿음을 부추기는 이데올로기'이다. 그는 기후 체계에 인간이 어떤 영향이든 끼칠 여지가 전혀 없다고 주장하고, 따라서 (인간이 만든) 기후 변화 때문에 생긴 여러 도전 과제를 정치적 사고와 행위에서 완전히 지우려고 한다. 이와 대조적으로, 나는 전 세계 기후가 인간 행위에 반응해 어떻게 변하는지 잘 알고 있다. 하지만 내가 주장하는 바는 기후 변화를 심각하게 받아들이되, 기후 변화를 막는다는 단일 목적을 구현하기 위해 현대 정치가 재편되어서는 안 된다는 것이다. 기후주의 이념에 관한 고어햄과 나의 입장은 매우 다르고, 혼동되어서는 안 된다.

기후주의라는 이데올로기

가장 단순하게 말하면 이념은 특정 사회 집단이 지닌 개념과 신념, 가치의 집합이고 집단 구성원이 행동하는 방식에 영향을 미친다. 이런 의미에서 우리는 저마다 이념을 가지고 있다. 누구든 신념과 가치의 집합을 적어도 하나 이상 가지고 있어서 그 집합(들)이 우리가 마주하는 세상을 해석하는 일을 돕고, 결국 행동에 영향을 준다. 정치학자 마이클 프리든Michael Freeden이 설명한 것처럼, "(이데올로기) 없이 우리는 아무것도 할 수 없다. 그 속에 존재하는 세계를 이해하지 않고서는 어떤 행동도 할 수 없기 때문"이다.[15] 따라서 우리가 세상을 볼 때 각자 믿는 이념이 제각기 다른 필터를 씌워서, 필터 없이는 너무나 혼란스러울 다양한 사실과 경험을 해석할 수 있도록 돕는다.

정치적 사실들은 (실제로 어떤 사실이든) 자명하지 않다. 사실이 지닌 의미와 중요성을 확립하려면 항상 해석이 필요하다. 우리는 기후가 변화하고 있다는 것을 안다. 그리고 기후화 과정은 우리가 마주하는 기후적 '사실'의 범위와 복잡성을 확장해 왔다. 따라서 기후주의는 세계 속에서 우리가 어떻게 행동해야 할지 지침을 내리기 위해, 그런 기후적 사실들을 정돈하고 해석하는 것을 추구하는 이념으로 떠올랐다. 이데올로기는 사고의 지도이다. 우리는 그 지도를 통해 우리가 존재하는 정치적·사회적 세상을 탐험한다.

프리든에 따르면,[16] 이념에는 다음과 같은 네 가지 핵심 기능
이 있다.

· 반복적인 패턴을 제시한다.
· 중요성이 있는 집단이 보유한다.
· 공공 정책 계획을 통제하기 위해 다른 이념과 경쟁한다.
· 경쟁의 목적은 정치 공동체의 정치 방식을 정당화하거나 바꾸
  는 것이다.

기후주의가 이런 기능 기준에 얼마나 부합하는지 다른 장에
서 살펴보겠지만 지금은 우선 이념이 가진 몇 가지 특징을 더
알아보자.

영어에서 각각의 이념에는 대개 '편을 든다'거나 '모방한다'
는 의미를 띤 '이즘(-ism)'이라는 접미사가 붙는다. '이즘'은 공산
주의communism, 과학주의scientism, 입체파cubism처럼 철학이나 이론,
또는 예술 운동을 묘사하는 데 자주 쓰인다. 개념에 '이즘'이 붙
으면 흔히 거대 서사나 전체주의적 설명이 연상된다. 4장에서
사람들이 기후주의에 끌리는 이유를 설명할 때 이것에 관해 다
시 이야기하겠다. 둘 다 신념과 행동의 방향을 잡는 신조나 교
리, 원칙을 제공한다는 의미에서 이데올로기는 전통과도 관계

가 있다.[17] 원칙(근본적인 숭배의 대상인 '부족의 우상')에 의문을 품을 수 있다는 가능성조차 떠오르지 않을 때 비로소 이념과 전통이 모습을 드러낸다. 이때 이념과 전통이 도그마, 이른바 교리로 변신할 수도 있다.

기후주의가 본질적으로 잘못이라거나 거짓이라는 말이 아니다. 접미사 '이즘'은 정치나 윤리 면에서 중립적이다. 하지만 '이즘'이 붙어 있는 이념들은 자주 의심의 눈초리를 받는다. 그래서 '이데올로그(ideologue, 교조적이고 비타협적인 태도를 가진 이념 지지자를 가리킨다)'라는 말이 경멸하는 뉘앙스로 쓰인다. '이즘'은 인종차별주의, 성차별주의sexism, 종차별주의speciesism와 같이 다른 집단보다 어떤 집단이 우월하다고 주장하는 데 쓰이기도 하고, 연령차별주의ageism, 장애차별주의ablism, 비만차별주의weightism처럼 신체 속성에 따른 차별 관행을 나타내는 데도 쓰인다.

위에서 언급한 이념들은 듣는 사람이 반대하거나 공감하는 수준에 따라 저항에 부딪히거나 가치를 인정받는다. 예컨대 페미니즘, 사회주의, 민족주의는 모두 '양가적'이다. 이념이 규범적으로 지향하는 것, 즉 이념의 가치는 모호할 뿐더러 관찰자의 시선에 따라 달라진다. 그래서 페미니스트, 사회주의자, 민족주의자는 반페미니스트, 반사회주의자, 반민족주의자라는 정치적 맞수를 찾아낸다. 그러므로 기후주의는 매우 효과적인 이데올로기, 다시 말하면 현재 세계를 탐험하는 강력한 해석 지도가 될 수 있다. 지금부터 보게 되겠지만 기후주의는 분명히 매력적이다. 하지만 모든 이데올로기가 그렇듯, 기후주의를 사고의 안내지도로 채택했을 때 뒤따르는 결과와 위험이 있고, 우리는 이것에 경종을 울리고 기꺼이 도전해야만 한다.

프리든은 이념을 설명하면서 '얕은' 이념과 '두터운' 이념을 구분한다. 얕은 이념은 눈에 띄는 형태와 내구성을 갖고 있지만, 해석적 야망과 범위에서 확연히 한계가 있다. 민족주의가 그 예다. 반면에 마르크스주의 같은 두터운 이념은 세계가 어떻게 작동하고, 어떻게 작동해야만 하는지 설명하는 더 포괄적인 사상이다. 나는 얕은 이념으로 시작한 기후주의가 프리든의 의미로 두터운 이념, 즉 전체론적 이념이 되려는 야망을 품고 있다고 말하고 싶다. 한 가지 이유는 기후주의가 과학이 제시하는(2장 참고) 세계에 대한 일련의 인식론적 주장에 뿌리를 두며, 따라서 전 세계의 보편적 동의를 요구하는 것 같기 때문이다. 두터운 이념은 반대를 묵살하고 완전한 충성을 요구한다. 기후주의 이념은 기후 변화를 저지하는 것이 우리 시대의 가장 고귀한 정치적 도전이며, 그 외 모든 것은 이 한 가지 목표에 복종하게 된다고 주장한다. 영국의 노련한 환경 전문 저널리스트인 조지 몽비오 George Monbiot는 이렇게 표현했다. "기후 변화를 억제하는 일은 최우선 과제가 되었다. 이 과업에서 실패하면 우리는 다른 모든 것에 실패한 것이다."[18]

기후주의는 겉으로 드러나는 강도가 다양한 이념이다. 가장 잘 드러나는 곳은 미래를 위한 금요일Fridays for Future(기후 변화 관련 국제 청소년 시위 운동-옮긴이)이나 선라이즈 무브먼트(Sunrise Movement)(미국의 관련 정치 단체-옮긴이), 멸종저항Extinction Rebellion(관련 국제 운동 단체-옮긴이)과 같은 새로운 사회 운동이다. 범위를 더 넓혀 보면, 기후 변화 억제를 거의 유일한 정치 의제로 삼는 신흥 '기후 좌파' 사이에 널리 퍼져 있다. 그러나 기후주의는 아마존, 옥스팜(영국 구호단체 -옮긴이), BBC, 세계은행 등의 기업, 자선 단체, 전문 단체, 공공기관에도 침투했다. 실제로 기후주의는 현재 공공 생활의 일부 영역에서는 당연하게 받아들여지는 일이 잦다. 그래서 기후주의를 단순히 인식하거나 묘사하는 것만으로도 기후가 변한다는 현실을 부정하거나, 급변하는 세계 환경에 대응해 공공 정책을 개발할 때 기후를 고려하는 것이 중요하지 않다고 말하는 것처럼 보이기 십상이다.

이것과 관련해서 좋은 예가 투자 전략 전문가 스튜어트 커크Stuart Kirk에게 벌어진 일이다. 2022년 5월, HSBC자산운용의 책임투자 책임자였넌 커크는 파이낸셜타임스가 개최한 금융 콘퍼런스에서 기업의 환경·사회·지배 구조 경영(ESG)에 관해 15분 남짓 간략하게 발표했다. 강연의 제목은 '투자자들이 기후 위기를 걱정할 필요가 없는 이유'였고, 커크는 거기에서 중앙 은행가들과 정책 입안자들이 기후 변화의 재무 리스크를 과장하고 있다고 비난했다. 그는 "근거 없고, 목소리만 크고, 편파적인 데다 자기 본위에 빠진 종말론적 경고는 언제나 잘못"이라고 밀했다. 커크가 겨냥한 발언들은 다음과 같았다. "기후 변화에 비하면 물가 고통은 아무것도 아닐 겁니다(마크 카니Mark Carney, 전 영국은행 총재).", "기후 변화는 산업이 직면한 가장 큰 글로벌 리스크입니다(세계경제포럼).", "기업은 다른 리스크를 관리하는 것처럼 기후 리스크를 다루어야 합니다(영국은행)."

커크의 강연은 온라인으로 제공되었다. 강연 중에 그가 한 말이 트위터를 통해 급속히 퍼졌고, 머지않아 악성 비난이 쏟아졌다. 전 유엔기후변화협약 사무총장인 크리스티아나 피게레스Christiana Figueres는 커크의 발언이 "터무니없다"고 비난하며 회사가 그를 해고해야 한다고 주장했다. HSBC는 내사에 착수했고 절차에 따라 커크는 직위 해제되었다. "100년 후에 마이애미가 수심 6m 아래로 잠긴들 누가 신경 쓸까?", "세상의 종말을 떠드는 미치광이들이 없었던 적이 있습니까?" 등 커크의 경솔한 발언도 자기방어에 도움이 되지 않았다. 6주 후 커크는 사임했고 이런 말을 남겼다. "내 직책이 책임자인데 얄궂다. 5월 파이낸셜타임스 강연 후로 본사는 내가 도저히 일을 지속하지 못하게 만들었다. 그렇게밖에 결론을 내릴 수 없다. 참 알다가도 모를 일이다."[19]

커크의 말이 다 옳다는 의미로 이 사례를 언급하는 것이 아니다(기후 변화가 투자자에게 리스크가 되는 것은 '사실'이다. 하지만 커크는 그런 리스크를 평가하고 확실히 이해할 정당한 방법을 묻는 것에 주목했다.[20]). 요점은 이것이다. 기후주의 이념은 대중의 상상 속에서, 그리고 이 사례에서는 금융 제도권 일각에서 너무나 깊숙이 각인되어서 '틀린 말'을 하거나, 틀린 방식으로 말하는 것처럼 보이기만 해도 충분히 대중의 묵살과 업계의 맹비난을 받을 만한 근거가 된다. 나는 5장에서 대중 연설에 미치는 기후주의의 '섬뜩한 영향'에 관해 더 논의할 것이다.

사례 : 재난과 기후주의

기후주의 이념이 실제 적용되는 모습은 홍수, 태풍, 폭염, 가뭄 등 극한 기상과 연관된 기후 '재난' 사례를 통해 도식화할 수 있다. 인간이 기후 변화를 초래한다는 논의를 제외하면, 일반적으로 재난을 보는 두 가지 관점이 있다. 말을 다듬어 쓰자면, 하나는 재난 원인을 기상학적 위험 요인(다음 쪽에 있는 〈그림 1〉에서 왼편의 겹친 부분)에서 찾고, 다른 관점은 위험 요인이 발생한 지역에 만연한 사회 정치적 조건(〈그림 1〉에서 오른편의 겹친 부분)에서 찾는다.

첫 번째 경우로, 재난은 '자연적'으로 발생한 것, 또는 원인이 기후와 관련된 위험 요인이었다면 '기후화'한 사태로 간주된다.

자연적 / 기후화한 재난   비자연화 / 사회적 재난

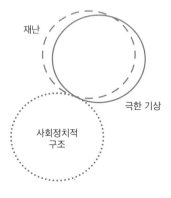
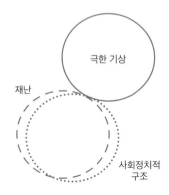

기후와 마찬가지로 재난은 자연적   극한 기상은 자연적이다. 하지만 재
이다. 극한 기상과 재난은 사회정치   난은 사회정치적 구조의 결과이다.
적 구조와 무관하다.

그림 1. 기후와 지역의 사회정치적 구조와 재난의 관계를 도식화한 그림

역사적으로 서구 제도권에서는 재난에 천재지변, 즉 '신의 행위 Acts of God'라는 공식 명칭을 붙였고, 어떤 목적에 따라서는 여전히 이렇게 언급되고 있다. 더 범위를 넓혀 보면 그런 위험 요인은 때때로 인간을 무력하게 만드는 운명의 소행으로 여겨진다. 어느 쪽이든, 재난의 책임은 비인간적인 자연의 힘에 있다.

두 번째 경우, 재난은 비자연적인 것, 또는 '사회와 관련된 것'이 된다. 이 입장에서 재난 원인을 분석하는 초점은 기후가 아니라 기후 위험 요소와 관련된 집단 구성원과 자산이 기존에 보유한 민감성, 노출성, 취약성에 맞춰진다. 비판적 지리학자이

자 재해 연구자인 다니쉬 무스타파Danish Mustafa는 "재해는 물리적 사건이 취약한 인구 집단과 만났을 때에만 발생한다는 것이 재해 연구 학계의 정설"이라고 설명한다.[21] 운명의 결과와는 거리가 먼 이런 사회적 조건들은 역사적·경제적·문화적 과정의 결과로 이해할 수 있는데, 정치권력으로 인해 만들어진다. 이런 사례는 마이크 데이비스Mike Davis가 저서 《엘니뇨와 제국주의로 본 빈곤의 역사》에서 설득력 있게 묘사했다. 데이비스는 19세기 후반에 영국령 인도에서 발생한 기근을 어떻게 가뭄이 아니라 식민지 정부의 자유방임주의, 맬서스식 경제 이념 때문에 발생한 것으로 이해해야 하는지를 보여 주었다.[22]

하지만 현실에서 일어나는 대부분의 재난은 기상학적 위험 요인이라는 직접 원인(시간당 강우량)에 기저 요인인 재해 노출성이나 취약성(우수관 관리 상태)이 결합한 결과로 벌어진다. 예컨대 2022년 여름에 파키스탄 남부 신드주와 발루치스탄주에서 일어난 광범위한 홍수는 이례적인 몬순(계절풍 때문에 발생하는 우기-옮긴이)의 결과이기도 했지만, 동시에 사회 기반 시설과 엔지니어링 과정의 선택이 빚은 결과이기도 했다. 재난의 결과에 위험 요인과 노출 정도, 취약성이 관여하는 정도는 사례마다 다르고, 그 상대적 가중치를 확인하는 것 역시 항상 쉽지는 않다.

다음 쪽에 등장하는 〈그림 2〉의 도식에서 이에 대한 두 가지 선택지를 볼 수 있다. 정치 행위자들은 비난의 화살이 어디로 향하는지가 초미의 관심사다. '아프리카의 뿔Horn of Africa' 지역에서 심해지는 기근을 주제로 1984년에 출간한 책 《자연재해: 천재지변인가, 사람의 행위인가?(Natural Disasters: Acts of God or Acts of Man?)》에서 안데르스 비크만Anders Wijkman과 로이드 팀버레이크Lloyd Timberlake는 재난의 원인을 밝히는 일의 어려움을 탐구했다. 두 사람은 기저 원인을 잘못 파악하는 것이 잘못된 인도주의적 개입과 정책 목표 설정으로 이어진다고 주장했다.[23] 기후 위험 요인에 따라 미래에 어떤 일이 일어나든, 재해 노출성과 취약성을 증가시키는 사회경제적 원인들이 해결되지 않으면 재난의

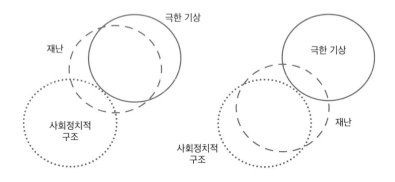

재난은 극한 기상과 해당 지역 사회정치적 요소 사이의 다양한 결합에 영향을 받는다. 기후는 자연적이고 인간 활동의 영향을 받지 않는다.

그림2. 기후와 지역의 사회정치적 구조와 재난 사이의 더 복잡한 관계를 반영한 복합 도식. 재난의 원인에 대한 극한 기상과 지역 사회정치적 구조의 상대적 가중치는 경우에 따라 달라지며, 해결하기가 쉽지 않을 수 있다.

결과는 더 나빠질 것이다.

지금까지 살펴본 모든 경우에서 기후는 자연적이고, 인간이 영향을 끼치지 않는 현상으로 취급되었다. 그런데 기상학적 위험 요인의 발생과 심각성(또는 둘 중 하나라도)에 인간이 만든 온실가스의 대기 유입 또는 인간이 대기 구성에 초래한 모종의 변화가 영향을 미칠지도 모른다고 인식하는 순간, 나타날 수 있는 경우의 스펙트럼이 확 넓어진다. 〈그림 3〉은 내가 각각 미온주의와 기후주의라고 이름 붙인, 스펙트럼의 양극단을 도식적으로

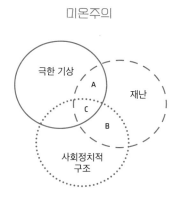

미온주의

재난은 자연적인 극한 기상의 결과(A), 지역의 사회정치적 구조의 결과(B) 또는 사회정치적 구조와 인위적 요소 때문에 변화한 극한 기상이 결합한 결과(C)이다.

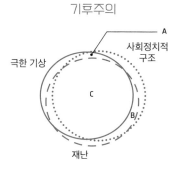

기후주의

모든 (대부분) 재난은 인위적 요소 때문에 변화한 극한 기상을 통해 매개된다(C). 단독 요인으로 인한 재난, 즉 자연적 극한 기상의 결과(A)이거나, 지역 사회정치적 구조의 결과(B)인 재난은 극소수이다.

그림 3. 기후와 지역의 사회정치적 구조와 재난 사이의 관계에 대한 미온주의(좌)와 기후주의(우)의 관점을 나타낸 도식

보여 준다.[24] 둘은 기후, 사회, 재난의 세 영역이 중첩되는 면적의 크기에 따라 차별화된다. 미온주의와 기후주의의 차이는 극한 기상과 (이 경우에는 세계적인) 사회정치적 구조를 가리키는 두 원이 중첩되는 면적의 차이로 나타난다.

그런데 〈그림 2〉와 같이 재난의 책임을 어디에서 찾을지는 또 다른 문제다. 미온주의자와 기후주의자는 이 질문에 답할 때 제각기 다른 해석적 필터(이념)를 적용한다. 미온주의자는 인간이 기후에 거의 영향을 끼치지 못한다고 믿기 때문에 극단적 기후 현상과도 관계가 없다고 여긴다. 따라서 재해로 인한 충격이 지역의 사회정치적 요소 때문에 얼마나 악화했든 상관없이, 재난의 지배적 원인은 '자연적인' 기상 위험 요소이다. 반면 기후주의자에게 (거의) 모든 기상 재난은 인간이 초래한 기후 변화의 결과이다. 따라서 재해의 충격에 지역 사회정치적 요소가 어떤 역할을 했든 아니든, 모든 기상 재난에는 온통 인간이 초래한 기후 변화의 흔적이 묻어 있다.

최근 기후 과학과 기후 모형(기후 모델) 분야 발전에 힘입어 재해 원인 규명은 다음과 같이 과학적으로 접근 중이다. "인간이 영향을 미치지 못하는 세계라면 이 극한 기후가 나타났을 가능성이 얼마나 될까?" 하지만 그런 과학적 조사들은 연관된 모든 요인을 고려하지 못하기 때문에 재난의 궁극적인 원인에 대해서 불충분한 답을 내릴 수밖에 없다. 2005년 8월에 뉴올리언스를 초토화한 허리케인 카트리나를 생각해 보자. 기후 원인 규명 과학weather attribution science이 인간이 유발한 요소 때문에 카트리나의 위력이 20% 더 강해졌다고 입증한다고 치자. 하지만 태풍 사망자와 도시 구조물의 손상이 오로지 허리케인의 강도 때문인지 아니면 부실한 도시 계획과 홍수 방재와 지역 경찰력 때문인지는 입증할 수 없다. 카트리나 사태는 자연적인 기상 위험 요소가 어느 정도는 인간이 기후에 끼친 영향 때문에 증폭되고 도시 계획 및 구획과 홍수 방재에 관한 정치적 결정을 통해 만들어진 지역적 조건이 연결된 결과일 수 있다. 하지만 세 요소의 가중치를 어떻게 결정하겠는가? 기후 원인 규명 과학은 답을 주지 못한다.

요약

이 장에서 나는 기후주의가 완전한 이념으로 간주되어야 하고, 프리든의 의견처럼 지금은 얕은 이념이지만 두터운 이념으로 변신하는 과정에 있다는 주장을 간략히 소개했다. 나는 주로 인간 활동이 유발한 원인으로 기후가 물리적으로 변화한다는 신념이 담론적이고 정치적인 기후화 과정과 결합하면서 어떻게 새로운 '기후 논리'로 떠올랐는지를 보여 주었다. 이 논리는 점점 세계의 현재와 미래를 이해하는 방식을 구조화하고 있으며,

그것이 기후주의 이념으로 이어진다.

기후주의는 사회적·징치적·생태적 현상에 대한 지배적 설명이 '변화하는 기후'임을 주장하는 개념과 믿음, 가치관의 확립된 패턴이다. 기후 위험 요인과 관련해 앞서 소개한 용어를 쓰자면, '신의 행위'는 이제 '사람의 행위'로 대체되었다. 기후 자체가 '사람의 행위'가 되었기 때문이다. 그리고 모든 '사람의 행위'는 인류가 초래한 기후 변화의 영향을 받아 형성된다. 기후주의가 암시하는 바는 복합적인 사회·생태·정치 사안들과 그들과 연관된 윤리적 도전들이 기후 변화 측면에서 분석되고 해결되어야 한다는 것이다. 기후가 더 나빠지는 것을 막는 일은 모든 문제의 악화를 막는 해결책이 될 것이다.

기후주의의 매력(4장)과 그에 수반되는 위험(5장)을 검토하기 전에 두 가지를 차례로 더 살펴보자. 첫째로 기후주의 이념이 어떻게 지배력을 얻었는지 이해해야 한다. 대부분 이념은 가부장제 유산에서, 국가 정체성에 대한 확신에서, 역사 분석에서, 종교 경전 해석에서, 그 외 그런저런 방법으로 권위를 획득한다. 하지만 기후주의는 세계에 관해 과학 프로젝트가 만들어 내는 일련의 보편적인 인식적(지식적) 주장에서 권력을 얻는다. 기후주의의 바탕에는 지난 40년에 걸쳐 점점 더 복잡해지고 서로 더 긴밀히 연관된 과학적이고 사회과학적인 주장들이 있다. 2장에서는 이런 주장들을 자세히 들여다볼 것이다. 더욱이 과학과 사회과학이 이미 얼마나 '기후주의적'인지 이해하려면 과학적 실천 방법 자체를 조사하는 일 또한 중요하다. 이것이 3장의 과제가 될 것이다.

기후주의는 어떻게 생겨났을까?

제2장

'지구 온도'라는 숭배물의 탄생

1929년 10월, 월스트리트가 붕괴한 후 경제 혼란과 높은 실업률이 미국을 덮쳤다. 바로 1930년대 초에 있었던 대공황이다. 실업률은 1933년 3월에 노동 인구의 20%로 정점을 찍었고, 그 무렵 프랭클린 루스벨트Franklin Roosevelt가 미국의 32대 대통령으로 취임했다. 루스벨트 대통령은 취임 직후 100일 동안 실업자에 구호를 제공하고 경제 개혁과 회복을 촉진할 일련의 연방 정책을 시행했다. 이때의 행정 명령과 관련 입법을 두루 아울러 '뉴딜' 정책이라고 부른다. 하지만 루스벨트의 경제 전략에는 국가 경제 활동을 측정할 믿을 만한 척도가 없어서 난관에 부딪혔다. 당시 정책 입안자들은 국가 경제 위축이 어느 정도라고 단정해서 말할 수단이 없었고, 당연히 경제 회복에 관해서도 마찬가지었다.

　그래서 루스벨트가 집권하고 얼마 지나지 않아 미국 상원은 미국 경제의 생산량을 측정하는 방법에 관한 연구를 의뢰했다. 당시 워싱턴 소재 전미경제연구소 직원이었던 33세의 러시아 이민자 사이먼 쿠즈네츠Simon Kuznets가 연구를 이끌었고 그는 1934년 초에 결과를 보고했다. 〈1929-1932, 국민소득(National Income)〉이라는 짤막한 제목으로 정부에 제출한 보고서에서 쿠즈네츠는 장차 우리가 국내총생산(GDP)이라고 알게 될 개념의 초석을 놓았다. 공황에서 벗어나기 위해 분투하는 미국의 국가 경제 계획에 지침을 제공할 수단으로 쿠즈네츠가 떠올린 아이디어는 개인, 기업, 정부가 생산한 모든 생산물, 상품과 서비스 가치를 경제 활동의 단일 척도로 합산하는 것이었다. 그는 보고서에 이렇게 썼다.

> 만약 한 해 동안 생산된 모든 상품과 서비스를 시장 가치로 합산하고, 그렇게 나온 총계에서 (…) 국가가 지출한 상품의 가치를 뺀다면, 나머지는 한 해 동안 국가 경제의 순생산이 된다. 이것을 생산된 국민소득이라고 부르고, 경제의 최종 생산물 중 그 부분은 한 국가의 모든 구성원이 노력해서 만든 결과라고 간략히 정의할 수 있다.[1]

쿠즈네츠의 셈법에 따르면 GDP는 호시기에 오르고 불경기에 떨어질 터였다. 이후 몇 년에 걸쳐 GDP는 경제의 성장과 위축 정도에 관한 추측을 성공적으로 대체하기 시작했다. 그것은 거시 경제 정책 관리라는 새로운 분야의 터를 닦았다. 이제 우리 모두 알다시피 GDP는 현대 사회의 심장에 제 존재를 각인했다. 처음에는 전후 미국과 다른 선진국 경제에 자리 잡았지만, 결국에는 전 세계 거의 모든 국가에 도입되었다. 1970년대에 이르러

GDP는 모든 경제 정책의 성공 여부를 가늠하는 척도가 되었다 (다른 분야 정책도 마찬가지다). 정부, 정치적 평판, 대중의 분위기, 총선 결과 등은 전부 GDP 성과에 따라 희비가 갈렸다.

쿠즈네츠가 상원에 보고한 지 약 40년 후, 독일 이민자의 손자인 또 다른 젊은 미국 경제학자 윌리엄 노드하우스William D. Nordhaus(빌Bill 노드하우스로도 익숙하다)는 미국 국립과학재단의 지원으로 오스트리아 빈 외곽에 있는 국제응용시스템분석연구소 International Institute for Applied Systems Analysis에서 1년을 보냈다. 1975년 6월, 이곳에서 그는 이산화탄소 배출 때문에 일어나는 지구 온난화를 제한하는 데 드는 비용에 관한 최초의 경제학적 분석 결과를 발표했다. 연구는 선구적이었고, 노드하우스는 두 가지 질문을 던졌다. "대기 중 이산화탄소 농도를 유의미한 수준으로 억제할 방법은 무엇인가?", "효과가 발생할 정도로 시행하자면 통제 경로에 드는 비용은 얼마인가?"[2]

해답을 찾기 위해 노드하우스는 화석 기반 에너지 연료를 이산화탄소가 배출되지 않는 에너지 기술(그가 보기에 '기후를 통제하는' 데 필요한 수준의 원자력과 여러 재생 에너지)로 대체하면 비용이 얼마나 들지 분석했다. 하지만 1930년대에 쿠즈네츠가 경제 활동 척도를 새로 만들어야 했던 것처럼 노드하우스도 어떤 식으로든 인류 복지를 나타내는 지구 기후 측정 척도를 바탕으로 분석을 쌓아 올려야 했다. 노드하우스는 '지구 온도'라는 다소 사변적인 개념을 통제 변수로 정했고, 바람직한 세계 기후(그는 '안정적인 기후 체제'라고 불렀다)는 지구 평균 온도에서 위아래로 섭씨 1도 이상 움직이지 않는 상태라고 주장했다.[5]

노드하우스는 경제 활동 지표인 GDP와 지구 기후 조건을 나타내는 지구 온도라는 두 척도를 분석적으로 결합한 최초의 인물이었다. 그는 1975년의 연구를 이렇게 끝맺었다.

분명히 이산화탄소 통제는 공짜가 아니다. 중간 강도의 통제 프로그램은 1970년 물가 기준 370억 달러 정도로 절충한 비용이 든다. 반면 세계 GNP(국민총생산, GDP를 전 세계로 넓혀 합산하는 수치)의 한 부분으로 생각하면 미미한 수준으로, 가장 보수적으로 산정하면 0.2% 미만이다.

노드하우스는 이후 세계를 선도하는 기후 경제학자로서 학계에서 저명한 경력을 쌓았고, 2018년에는 노벨 경제학상을 공동으로 수상했다. 스웨덴 왕립과학원은 노드하우스가 특히 '경제와 기후 사이의 세계적 상호 작용을 설명하는 정량적 모형'을 개발한 노력을 인정한다고 수상자 선정 이유를 밝혔다.

GDP와 지구 온도에 관한 이 이야기는 두 가지 이유로 중요하다. 첫째, 경제 건전성과 기후 안정성을 나타내는 각 수치가 동등한 것으로 분석된다는 데 주목한다는 점이다. 두 척도는 각

각 경제와 기후 정책의 이정표가 되는 정책 목표(단일하고 이해하기 쉬워 보이는 통제 변수)를 제공한다. 그리고 실제로 엄청난 수준으로 그렇게 활용되었다. GDP는 경제적 부의 극대화를, 지구 온도는 인간 때문에 발생하는 기후 불안정 최소화라는 목표를 각각 제시했다. 내가 이 사례를 언급하는 두 번째 이유는 더 중요하다. 그것은 두 척도 모두 중요한 요소를 전부 반영하지 못한다는 한계를 알리기 위해서다. 쿠즈네츠는 1934년에 미국 상원에 제출한 최초 보고서에서 GDP와 관련해 다음과 같이 언급했다.

위의 세부 분류는 국민소득에 (시장 가격 기준으로) 포함되는 다양한 서비스 그룹을 적절하게 설명한다. 하지만 그것들이 국민소득을 측정할 때 고려할 수 있는 모든 내용과 범위를 빠짐없이 설명하는 것은 아니다. '국민'소득에서 '국민'의 범위는 여전히 정의가 필요하고, 다른 여러 서비스도 국가 경제 최종 생산물의 적절한 부분으로 간주할 수 있을 것이다.

이 장과 다음 여러 장에서 우리는 기후와 복지에 관해 유의미한 모든 것을 포착하는 지표로서 지구 온도가 가진 한계를 보게 될 것이다. GDP와 지구 온도와 같은 정량 지표의 위험은 바로 그런 지표들이 스스로 독립적인 권력을 가지게 된다는 점이다. 그것들은 지표 사용자와 지지자들을 현혹하는데, 사람들은 지표가 세계의 상태에 관해 실제보다 더 많은 것을 보여 준다고 믿기 때문이다(경제든 기후든 마찬가지다). 인류학 용어를 사용하자면, GDP와 지구 온도는 '숭배물fetish'이 되었다. 즉 그것들은 인간의 정신이 만들어 낸 산물일 뿐인데도, 인간의 상상력이 물질 세계에 그런 인과적 힘을 허락했다는 의미이다. 숭배물로서 그지표들은 위험할 수 있다. 경제사학자 더크 필립슨Dirk Philipsen은 2015년에 발간한 저서 《작은 큰 숫자: GDP는 어떻게 세상을 지배하게 되었나? 어떻게 해야 하는가?(The Little Big Number: How GDP Came to Rule the World and What to Do about It)》에서 이렇게 꼬집었다.

> GDP는 경제학에 국한되었던 도구에서 세계적 신념의 대상물로 거대하게 덩치를 키웠다. (…) 이것은 문제다. 경제와 문화가 GDP 성과를 기준으로 측정되는데, GDP는 오직 결과물만 측정한다. 질, 비용, 목적 같은 핵심적인 사실들은 무시된다. 지속 가능성과 삶의 질은 간과되었다. 손실은 매몰된다. 세계는 GDP의 지배를 더 이상 용납할 수 있는 처지기 아니다. GDP는 진정한 발전을 보지 못한다.[4]

GDP와 지구 온도가 경제와 기후에 관해 알려 주는 내용은 어쩌면 가장 중요한 것들이 아닐지도 모른다.

기후 변화 '틀짜기framing'

이 장에서 나는 기후주의 이데올로기가 어떻게 생겨나고 떠올랐는지, 그리고 그 과정이 어떻게 그렇게 점진적으로, 거의 알아차리지도 못하게 수십 년 동안 진행되었는지 설명하려고 한다. 그중에서도 기후 변화를 다룬 과학 연구와 사회과학 연구에서 1980년대부터 시작되어 차근차근 진행된 일련의 발전을 설명하는 것이 가장 중요하다. 아마도 가장 중요한 것일 텐데 그런 발전 중 하나는, 사람들과 사회가 기후의 중요성을 인식함에 따라 세계의 기후 상태를 나타내는 대리 지표로 지구 온도를 채택하게 된 것이다. GDP가 경제 건전성을 정의하는 지표로 20세기 후반 동안 급부상한 것처럼, 지구 온도는 비교적 최근에 떠오른 세계 기후의 건전성을 정의하는 지표다.

하지만 기후주의는 지구 온도라는 지표로만 설명되지 않는다. 지금부터 지난 40년간 기후 변화에 관한 과학 연구와 사회과학 연구에서 일어난 10개의 발전('변화'라고 부르겠다)을 간략하게 설명하려고 한다. 그런 변화를 거치는 동안 기후 변화는 어느 때보다 훨씬 더 협소하고 환원주의적으로 이해되는 용어로 탈바꿈했다. 10개의 변화로 누적된 효과는 결과적으로 사상가와 분석가, 지지자와 활동가가 저마다 제 정치적 작업을 위해 기후 변화 개념을 구조화하고 이용하는 행태로 나타났다. 그들 덕분에 기후 변화는 현대 정치에서 끊임없이 되풀이되는 중심 주제로 떠올랐다. 그 변화들은 다양한 방식으로 상호 작용하지만, 대체로 연대순으로 배열된다. 이들이 모여 기후주의 이념을 지탱하는 인식적 발판을 구성한다.

* 변화 1: 기후의 역사는 물리적 역사를 가리키는 것으로만 축소되었다

기후는 과거 인간 사회에서 다른 것들을 의미했던 복합적인 개념이고, 오늘날 세계의 다양한 문화권에서도 여전히 그렇다. 나는 앞서 출간한 《날씨: 기후의 문화(Weathered: Cultures of Climate)》에서 기후의 문화사를 탐구했다.[5] 20세기 후반까지 기후의 과거에 관한 연구는 자연과학과 물리학만큼이나 인문학에서 다룰 법한 주제이기도 했다. 사람들이 한 장소에서 몸으로 부대끼며 날씨를 경험하는 과정을 통해 기후에 관한 개념이 생겨나는 방식이나, 기후가 바뀐다는 개념이 문화적·역사적으로 형성된 방식을 이해하려 했다. 일례로 역사학자 윌리엄 마이어 William B. Meyer는 19세기 중반에 오나이다Oneida 공동체가 미국 뉴욕주의 기후에 적응하기 위해 생활 방식을 만들어 낸 시도에 관해 글을 썼다.[6] 오나이다 공동체는 어떤 식으로든 인간의 자질은 기후가 결정하는 것이 아니라는 종교적 믿음을 갖고 있었다. 그들이 보기에 '악천후'는 신이든 자연이든 변덕스러운 행위자의 소행일 뿐이기에, 인간이 겪는 악천후는 부실한 계획과 사회 조직의 결과라고 생각했다.

기후와 사람의 관계를 대하는 이러한 사고방식은 20세기가 지나가고 저무는 동안 잦아들었다. 대신 자연과학이 나서서 세계의 날씨를 지배하는 물리적 과정을 설명하겠노라 약속하고, 결과적으로 합리적 계획 수립의 조력자로서 기후의 미래를 예측하겠다고 장담했다.

결과: 기후가 이렇게 자연과학의 영역으로 들어간 것이 꼭 나쁘지만은 않다. 하지만 한 가지 불행한 결과가 생겼다. 역사적으로 인간의 생리, 전쟁은 물론 경제적 성공과 사회 붕괴에 이르는 모든 것들과 관련해 —다른 시대에, 다른 문화에서, 저마다 다른 이유로— 기후와 기후 변화에 책임을 돌리는 일이 얼마나 많았는지 보지 못하게 되었다는 사실이다. 기후 관련 과학과 사회과학 연구 속에서 기후 개념이 언제나 인간 상상력과 떼려야 뗄 수 없이 얽혀 있었다는 사실은 대부분 잊혀졌다. 사람들은 기후 개념이 이렇게 유연했기 때문에 역사적으로 수없이 많은 정치 프로젝트(좋든 나쁘든)에 동원될 수 있었다는 사실도 잊었다. 건강한 기후를 묘사하는 프로젝트일 수도 있고, 인종차별주의를 정당화하는 프로젝트일 수도 있었다. 과학화한 기후 개념은 그렇게 문화적 의미를 잃었다.[7]

* 변화 2: 지구 시스템 과학의 예측 모형이 기후학 연구의 다른 접근법을 압도하기 시작했다

20세기 내내 기후 관련 과학 연구는 통계, 지역 그리고 응용 기후학에 뿌리를 두고 있었다. 그들이 추구하는 목표는 이를테면 산림과 농업 관리에 도움이 될 기후학 지식을 최대한 확보하거나, 수자원 확보 및 홍수 방재 계획을 위한 하천 재현 기간 return-period을 확인하거나, 경제 발전을 목적으로 지역 기후의 성질을 묘사하는 것이었다. 1960년대에 시작된 컴퓨터 시뮬레이션과 우주에서 지구를 관측하는 기술이 1980년대에 이르러 속도가 붙자, 지구와 지구 기후를 수량화된 통합 시스템으로 보는 관점이 새로 생겼다. 이것은 새로운 과학(즉 지구 시스템 과학)과 그와 관련한 종합적 수치 시뮬레이션 모형에 대한 나사(NASA)의 비전으로 정점을 찍었다. 새 과학의 목표는 '지구 시스템의 구성 요소와 그들의 상호 작용이 어떻게 변해 왔는지, 어떤 식으로 작용하는지, 그리고 모든 시간 척도에서 어떻게 변화할 것으로 예측 가능한지 기술함으로써 지구를 단위로 하는 전체 지구 시스템을 과학적으로 이해하는 것'이다.[0]

결과: 기후는 새로운 방식으로 세계화되었다. 점점 증가하는 현실성(그런 믿음이 생겼다)을 통해 시뮬레이션으로 구현할 수 있는 하나의 보편적 시스템처럼 보이기 시작했다. 그리고 예측의 문이 열렸다. 다시 나사의 표현을 보자. "지구 시스템에 관한 새

로운 모형을 개발했습니다. 이것으로 우리는 지구 구성 요소들 사이의 상호 작용을 탐구하고, 물리적·화학적·생물학적 과정이 지구에 미치는 영향을 분석할 수 있습니다 (…) 이 새로운 모형은 지구의 변화가 인구에 끼치는 영향도 예측할 것입니다." 세계화한 기후 지식(특정한 문화적 의미들이 배제된)이 다른 분야를 압도하기 시작했다. 이렇게 장기 예측을 약속하는 태도는 오늘날에도 건재하다. 유럽연합의 데스티네이션 어스(Destination Earth) 프로젝트를 보라. 이 프로젝트의 목표는 2030년까지 지구에 관한 정확한 디지털 모형을 구축하고 자연 현상과 인간 활동 사이의 상호 작용을 타의 추종을 불허하는 수준으로 정확하게 예측하는 것이다.[9]

* **변화 3: 지구 온도는 모든 기후-사회 관계의 상태를 측정하는 지배적 지표가 되었다**

앞서 노드하우스가 1970년대에 최초로 기후 에너지 정책을 만들기 위해 경제 분석을 시행하느라 선구적으로 지구 온도 개념을 도입했던 정황을 살펴보았다. 일부 과학자는 19세기부터 '지구의 온도'라는 관점에서 생각해 왔다. 하지만 그것은 세계 대기의 방사선 물리학 관점의 문제였지, 기후와 사람과 사회 사이의 관계에 관한 것이 아니었다. 그리고 20세기 내내 과학자들은 '지구 온도'를 이론적인 계산을 통해서가 아니라 경험적 관찰로부터 도출하려고 노력해 왔다. 이것이 1980년대에 바뀌기 시작했다. 지구 온도는 기후 물리학에 유용한 지표일 뿐만 아니라, 기후-사회 관계 전체의 건전성을 묘사하는 대리 지표로 사용되기 시작했다. 1992년 유엔기후변화협약(UNFCCC) 선언문에서 유엔은 '위험한' 기후 변화의 내용이 무엇인지 정의하지 않았다. 하지만 4년 후인 1996년, 유럽연합은 정치 체제로는 최초로 지구 온도로만 표현된 기후 정책 목표를 채택했다. "유럽연합 이사회는 지구의 평균 온도가 산업화 이전 수준보다 섭씨 2도 이상 상승해서는 안 된다고 생각한다." 금세기 초까지 지구 온도 개념은 정치적으로, 또 대중적으로 명성을 얻었다. 합리적인 통제 전략을 수립하기 위해 GDP와 더불어 지구 온도를 처음 도입해 사용했던 노드하우스 때와는 하늘과 땅 차이였다.[10]

결과: 1980년대 중반부터 지구 온도는 기후 변화 관련 과학과 정치의 틀을 짜고, 사람들이 기후 변화에 관해 생각하고 말하는 방식을 형성하기 시작했다. 앞서 말한 대로 지구 온도는 숭배물이 되었다. GDP 없이 경제 건전성을 논하는 것이 어려워 보이는 것처럼, 이제 지구 온도를 언급하지 않고는 기후 변화에 관해 얘기할 수 없을 정도이다. 그렇지만 GDP와 마찬가지로 지구 온도는 기후와 인류 복지, 그리고 생태학적 완전성 사이의 복합적인 관계를 전부 나타내기에는 결함이 심각하게 많은 지표이다. 뒤따르는 여러 장에서 다시 논의할 것이다.

＊ 변화 4: 기후 변화를 자본으로 통합하기 위해 탄소의 사회적 비용(SCC) 개념을 새로 만들었다

1970년대에 노드하우스는 화석-탄소 에너지 기술에서 벗어나서 연료를 전환하는 비용을 추산하고 있었는데, 그로부터 몇 해 지나지 않아 경제학자들은 기후 변화에 관해 다른 질문을 던졌다. 1980년대 미국의 레이건Ronald Reagan 대통령이 두 번의 임기를 마치는 동안, 공공 정책에 관한 비용편익분석(CBA)이 미국에서 의무화되었고, 점차 관할권으로도 번졌다. 이와 같은 규제 체제 속에서 경제학자와 정책 입안자들은 대기로 탄소를 배출해서 결국 기후가 바뀌면 얼마나 큰 '피해'가 발생하는지를 알아야 했다. 그래서 1990년대에 '탄소의 사회적 비용(SCC)' 개념이 탄생했다. 이 양적 수치는 대기로 이산화탄소 1톤을 추가 배출하면 발생할 수 있는 경제적 피해를 화폐 가치로 나타냈다. 탄소의 사회적 비용은 도덕적·정치적·과학적으로 많은 요인의 영향을 받는 상당히 논쟁적인 수치이다. 예컨대 미국 연방정부가 채택한 SCC는 트럼프Donald Trump 대통령 시기에 톤당 7달러였고, 조 바이든Joe Biden이 대통령이 되자 51달러로 올랐다.

결과: 지구 시스템 모형과 지구 온도 지표와 결합하자 SCC는 이산화탄소 배출량을 경제적 가격신호(PS)에 연결할 수 있게 되었다. 경제학자들이 쓰는 용어를 빌리자면 SCC는 이산화탄소 배출의 '외부 효과'를 측정할 수단을 제시함으로써 다양하고 새

로운 기후-경제 모형화 기술 개발의 길을 열었다. 또한 1990년 대 말부터 SCC에 자극받은 다양한 탄소 거래 방식이 세계를 휩쓸었고, 그때부터 SCC는 탄소에 가격을 붙일 한 방법으로 자리 잡았다. 이산화탄소 배출을 비용으로 간주하는 개념을 시장에 도입함으로써, SCC는 기존 경제 시스템이 기후 변화를 '내부화' 하는 중요한 방법이 되었다.

＊변화 5: 미래를 상상하는 일이 미래 기후 조건에 관한 것으로 축소되었다

과거의 사회에서는 일반적인 환경 여건, 특히 기후 여건을 소재로 제국의 주류 종족과 문화, 경제가 우월한 이유에 관해 구미에 맞는 해석을 만들어 내곤 했다(따라서 정당화가 뚜렷해졌다). 이처럼 환경 결정론 이념을 내세운 탓에 20세기 후반에 이르러 역사학자들은 대거 신뢰를 잃었다.[11] 하지만 20세기가 끝나갈 무렵 새로운 신新기후 결정론이 자리를 잡았다. 나는 이것을 '기후 환원주의'라고 부른다. 기후 환원주의에 따르면 미래 기후는 예측이 가능하므로 — 이를테면 '변화 2'의 지구 시스템 모형을 사용해서 —, 미래의 전체 모습도 예측할 수 있다고 주장한다. 인류와 생태의 미래에 영향을 미치는 여러 다른 차원의 변화(기술, 전쟁, 전염병, 경제 발전, 종교, 문화적 가치 등)는 본질적으로 예측하기 어렵겠지만, '예측 가능한' 기후를 미래 변화의 기본 동력으로 격상하면 상당한 수준으로 미래를 파악할 수 있다는 것이다. 이 것이 미래에 대한 '기후화' 과정이다.

결과: 기후 환원주의는 기후와 사회 그리고 미래의 관계에 대한 복잡한 질문에 간단한 해답을 제시한다. 하지만 그것은 미래 기후 추정에 대한 모형 기반 설명이 정치적·사회적 담론에서 권력을 획득한 한 방법이기도 하다. 기후 환원주의는 변화의 다른 차원을 소외시키고, 인간의 역량을 깎아내리며, 상상력을 위축시킨다. 기후 결정론이 과거를 논리적으로 설명하는 제한적인 형태의 추론이라면, 기후 환원주의는 미래를 예언한다는 점에서 훨씬 더 부적절하다. 미래 모습을 상상하는 것에는 기후 모형 외에도 여러 가지 다른 수단이 존재한다.

＊ 변화 6: 극한 기상과 기후 변동성에 대한 적응 방안 마련은 미래 기후의 정밀 예측에 따라 결정되었다

1990년대와 2000년내 동안, 사회가 기후에 어떻게 적응해야 하는지에 대한 새로운 사고방식이 등장했다. 더 강력하고 더 정확한 모형에 대한 약속(변화 2)에 힘입어 기후 환원주의는 "예측하라, 그런 다음 적응하라"는 마법의 주문을 만들었다. 사람들은 기후 적응과 관련해 바람직한 결정을 내리는 필수 요건은 미래 기후에 대한 정확한 예측이라는 생각에 사로잡혔다. 미국 외교협회Council on Foreign Relations 소속 앨리스 힐Alice Hill의 최근 발언은 이런 정서를 잘 보여 준다. "(기후) 사태가 발생할 장소와 피해 강도를 예측하는 정보가 없다면, 기후 적응 대책을 수립할 때 어디에 투자하는 것이 올바른지 결정하는 일은 한마디로 아무렇게나 찍는 일에 불과합니다."[12] 이 변화로 기상 이변 적응 대책과 관련해 전통 사회와 현대 사회가 각각 기존에 확립한 사회적 학습 방식은 완전히 뒤집혔다. 이를테면 아프리카 수단의 목축민은 반건조 기후 속에서 수세대 동안 하늘과 땅을 읽는 경험을 축적해 비가 언제 올지 예측하고 가축을 좋은 초원으로 옮기는 노하우가 있다. 노르웨이의 소위 '눈사람'들은 겨울 혹한과 눈사태 위기가 닥치는 것을 예측하는 지역별 역사적 경험이 있는데, 이것을 이용해 노르웨이 공공도로관리국에 고속도로 청소 작업과 관련한 정보를 제공한다. 예기적 적응의 대안을 반드시 '정확한 과학적 예측'과 '추측'이라는 양극단 사이에서 찾아야만 하는 것은 아니다.[13]

결과: 미래에 발생할 극한 기상과 기후 변동성에 대응하는 사회적 적응이 미래 기후에 관한 과학적 예측에 의존하게 되면 두 가지 현상이 뒤따른다. 첫째는 기후 모형과 기후 모형의 예측에 어느 때보다 강도 높은 정밀성이 요구된다. 그러나 정밀성은 정확성이 아니다. 최고로 정밀한 모형은 그만큼 가장 정확할 거라는 환상을 일으키곤 한다. 지구 시스템 모형화 사업은 전례 없는 수준의 미세한 공간과 긴 시간 단위에서 정확한 예측을 내놓

아야 하므로('변화 2' 참고) 한계가 있을 수밖에 없는데, 그런 사업에 자원을 쏟아붓고 있나. 아니나 다를까 최근 기후 과학자들이 매년 꾸준히 2억 달러를 투입해 '지역별 국지적 기후 변화에 대한 신뢰성 있는 예측을 가로막는 많은 문제를 해결하기 위해' 소위 'K(킬로미터) 격자 단위 지구 모형'을 개발해야 한다고 주장하고 있다.[14] 두 번째 결과는 더 걱정스러울지도 모르겠다. 적응 전략과 개입 행위가 계획 결정과 투자를 '최적화'할 목적으로 설계되고, 그것이 본질적으로 불확실할 수밖에 없는 기후 예측에 근거해서 이루어진다. 이에 따라 발생할 수 있는 다양한 미래 기후에 대비하는 '견고한' 적응 설계는 사라진다.

＊변화 7: 지구 온도를 유지하는 대리 지표로 '허용 가능한 탄소 예산'이 도입되었다

2000년대 말에 이르러 과학자들이 미래의 온실가스 배출에 대해 생각하는 방식이 바뀌었다. 미래에 이산화탄소를 축적하는 여러 경로를 비교하는 데 초점을 두는 것이 아니라(예를 들어 그 직전에는 '고배출'이나 '저배출' 경로를 찾는 데 초점을 맞췄다), 미래의 지구 온도를 결정하는 주요소는 이산화탄소의 총 누적 배출량이라는 주장이 설득력을 얻었다. 누적 배출량 수치에서 온도 목표치에 대한 '허용 가능한 탄소 배출 예산' 개념이 나오는 일은 어렵지 않다. 다시 말해 이제 질문은 이렇게 바뀐다. "지구 온도가

1.5도나 2도 이내로 상승하는 것이 바람직하다면, '쓸 수 있는' 탄소 배출 예산은 얼마나 남았는가?"[15]

결과: 허용 가능한 탄소 배출 예산 개념은 기후 변화에 관한 정책 접근 방식과 더 폭넓게는 문화적 상상에 중요한 변화를 일으켰다. 지구 온도 한계점과 직결된 예산 비유에서 자극을 받아, 대중의 상상 속에서 허용 배출량은 '소모'되거나 '초과'되는 어떤 것이 되었다. 예산을 다 쓰면 더 이상 쓸 것이 없다. 이산화탄소를 조금이라도 더 배출하면 선언한 목표를 어기는 셈이었다('변화 10'에서 살펴볼 넷네 이런 생각이 지닌 다른 시사점이 있다). 그 결과 탄소 예산이 고갈되지 않도록 탄소 예산을 '확장'하기 위해, 이산화탄소 제거가 더욱 매력적으로 보이게 만들었다. 이미 배출된 이산화탄소를 어떻게든 제거할 수만 있다면 탄소 예산이 늘어나는 결과를 얻을 것이다. 2010년대 중반부터 후반까지, 상상에 입각한 새로운 정책(또는 국제 규범)인 탄소 배출량 넷제로(net-zero emission, 줄여서 '탄소중립Net-Zero') 개념이 탄생했다.[16] 탄소중립은 지구 온도를 나타내는 대리 지표가 되었고, 지구 온도는 곧 인류 복지의 대리 지표('변화 3' 참고)이다.

* 변화 8: 특정 기상 현상을 '자연발생적'인지 '인간이 유발'한 것인지의 관점으로 해석하기 시작했다

2010년을 전후해 기후 현상의 원인을 규명하는 새로운 과학이 제도권에 들어오기 시작했다. 근래 발생하는 기후 현상(폭염, 가뭄, 폭풍우 등)을 '인위성'의 수준에 따라 구분하는 목적을 가진 과학 연구 프로그램이 새로 시작되었다. 새 과학이 얼마나 널리 퍼졌던지, 2017년 텍사스주 휴스턴에서 허리케인 하비가 기록한 강우량이 1900년대 초에 왔던 동급 태풍 때보다 3배가량 증가한 것이 기후 변화 때문이라거나, 2022년에 파키스탄의 폭염 발생 빈도가 30배 높아진 것이 기후 변화 때문이라는 식의 분석이 흔한 일이 되었다. 이에 따라 기상 이변은 더 이상 자연적으로 발생(신의 행위)하는 것이 아니라, 정도의 차이가 있을지언정 정확하게 계량화한 수치로 나타나는 인간의 과실이 '원인'인 기상학적 현상으로 간주된다(1장의 〈그림 3〉과 관련 내용 참고).

결과: 한편으로는 대중에게 극한 기상이 인위적 요소의 영향을 받아 발생한다고 강조할 때 기상 현상 원인 규명이 사용되었다. 기후 변화는 미래에 저절로 발생하는 일이 아니라는 것이다. 다른 한편으로 이 변화는 사람들의 상상 속에 세상을 분류하는 새로운 방식을 새겨 넣었다. '나쁜' 날씨는 자연적 요소와 인위적 요소의 상대적 가중치에 따라 정확하게 분류될 수 있다. 이것이 의미하는 바는 인간이 유발한 날씨의 피해자들은 정부에 배상이나 재건 비용을 요청할 수 있다는 것이고, 이는 '취약 국가를 위한 손실 및 피해 보상 기금'이 신설되거나 기후 변화 소송 사건이 증가하는 식으로 나타난다. 반면에 '재수 없는' 날씨

의 피해자들은 그런 보상의 대상이 되지 못한다.[17] 또한 이런 변화는 극한 기상 및 극한 기후에 대한 강력한 적응 전략을 수립하려면 이런 유형의 법의학적 과학 분석이 필요하다는 서사('변화 6'의 예시 참고)를 부추긴다. 그렇지만 홍수, 가뭄, 더위에 적응하는 것에 있어서 극한 기상의 인위성 지수가 70%이면 어떻고 95%이면 어떤가? 기상 현상이 지닌 물질적인 힘은 변하지 않는다.

＊ 변화 9: 특정 기상 이변의 충격이 기후 변화에서 기인하는 것으로 분석되고 비율로 표현되었다

이 변화는 비교적 최근에 일어났는데, '변화 8'에서 언급한 기상 원인 규명 과학이 발전하면서 추진력을 얻었다. 여기서는 단순히 인간이 유발한 기후 변화에 극한 기상의 책임을 돌리는 것에서 그치지 않는다. 온실가스 배출량이 피해 결과(경제적 비용이든 사망률이든)에서 차지하는 책임의 비율을 할당하는 것까지 나아간다. 가령 어떤 폭염으로 발생한 사망자의 37%가 기후 변화 때문이라고 한다거나, 2019년 10월에 태풍 하기비스가 일본을 덮쳐 발생한 피해액이 100억 달러로 추산되며 이중 기후 변화의 책임이 40%에 이를 수 있다고 주장하는 식이다.[18]

결과: 이렇게 피해의 원인을 기후 변화에서 찾자, 특정량의 화석연료를 생산하거나 소비했다고 추정되는 특정 회사 또는

국가에 해당 사망과 피해 발생에 대한 '원인 제공' 책임을 물을 가능성이 열렸다. 이 변화는 UNFCCC의 새로운 정치적 행보에 자극받은 면도 있다. 2022년 11월 이집트에서 열린 제27차 유엔 기후변화협약 당사국총회(COP27)는 UNFCCC 체제 속에서 '손실과 피해' 메커니즘을 구축하겠다는 새로운 계획에 합의했는데, 그 계획에 과학적 근거를 마련하겠다는 동기가 있었다. 하지만 이것은 실제로는 사회적 재난을 자연 탓으로 돌리는 오랜 역사의 한 변형일 뿐이다. 이런 접근은 인간의 행위 주체성을 피해 결과 중에서 오직 기상학적 위험 요소를 초래한 부분에만 국한한다. 기상학을 강조함으로써 재난과 관련한 경제·사회·기술 또는 정치적 요소라는 매개 조건을 조성하는 일에 지역적·역사적으로 인간이 주체적인 역할을 한다는 사실은 암묵적으로 무시된다.

하지만 앞 장에서 보았듯 그런 요소들이야말로 기상 위험에 대한 사회적 취약성을 결정하기에, 결과적으로 초래되는 피해의 규모와 분포를 결정한다. 심지어 기상학적 위험 요소가 일부 인위적으로 유발된 것일 때도 마찬가지다. 따라서 이 변화는 피해 원인 규명이라는 도전을 엄청나게 단순한 것으로 만들어 버린다.[19] 가령 시리아 내전으로 발생한 파괴의 원인 중에 아사드 대통령이 가뭄 전조에 반대로 대응한 정책의 비중이 얼마나 되는지 어떻게 파악할 것인가? 가뭄 전조가 이미 온실가스의 영향에서 완전히 자유로울 수 없는데 말이다.

＊ 변화 10: 기후 변화에 대한 정치적 행동의 실행 기간은 점점 더 촉박해지는 시한에 맞춰 틀이 잡혔다

2000년대 초, 기후 변화 담론에 한 유형이 자리 잡았는데 바로 온실가스 배출 감소와 같은 기후 변화 정책 조치가 완수되어야 하는 시한을 언급하는 것이었다. 기한을 맞추지 못하면 그때는 '너무 늦은' 일이 되고 만다. 그렇게 '100개월(2006년 시행(이하 '시행' 생략))', '12년 안(2018년)', '지금부터 18개월 이내(2021년)', '때가 얼마 남지 않았다(2022년)' 등 시간 목표치가 제시되었는데, (아마도) 기후 정책 시행을 앞당기려는 의도였을 것이다. 이런 입장들이 주장하는 바는 특정 시점까지 변화가 일어나야 하고 그렇지 않으면 그 후에는 너무 늦어서 정책 조치가 효과가 없다는 것이다. 가끔은 결정을 내리는 날짜까지 남은 시간을 알리는 실제 카운트다운 시계 또는 시계 은유가 함께 등장하곤 했다. 정책 조치의 기한은 거의 항상 기후 과학이 해석한 특정 예측에서 정당성을 찾았으며, 가끔 IPCC 보고서에 기재된 내용을 기준으로 삼기도 한다. 그리고 그런 기한들은 허용 가능한 탄소 배출 예산 개념을 이용해 수사적 힘을 얻었다('변화 7' 참고).

결과: 반복해서 등장하는 '때가 얼마 남지 않았다'는 비유는 기후 변화의 공공 정치 담론에 결핍성을 더한다. 시간은 항상 모

자라고, 행동은 항상 시급하며, 행동할 시점은 항상 바로 지금이다. 시간이 부족하다는 틀짜기는 정치적으로, 또 심리적으로 중대한 의미가 있다. 기후 미래는 그때가 되면 어떤 정책 조치도 무용지물이 되는 '돌이킬 수 없는 지점'이라는 한계점 측면으로만 이해된다. 시간이 없다면, 탄소 배출을 막는 어떤 정책이든 도입해야 할 것이다. 하지만 결과를 폭넓게 고려하지 않고 '어떤 대가를 치르든 시행'하는 일은 위험하다(5장 참고). 시간에 쫓기면 당연히 중장기적 사고는 불가능하다. 심리적으로 기한은 그 시점 이후의 미래를 상상하는 인지적 능력을 억제하는 힘이 있다. 또한 '종말'이 다가오는 상상 속에서 다른 대중 집단 사이에 공황, 두려움, 무관심의 정서를 유발한다.[20]

요약

이상 10개의 변화는 지난 50년 동안 기후 변화에 관한 과학 및 사회과학 연구가 진화해 온 모습을 요약한다. 기후 연구 및 기후 변화 연구 분야에서 훨씬 오래되었으나 빈번히 잊히는 역사가 있었다는 얘기도 된다. 각 변화는 저마다 다른 인식적·정치적 동기들의 조합에 의해 추진력을 얻었다. 하지만 나는 그 변화들이 함께 모여 기후주의 이념을 떠받치는 과학적 지지대를 형성한다고 주장한다. GDP를 경제 건전성을 묘사하는 주요 척도로 채택하면, GDP를 최대화하는 정책을 쓰는 일이 더없이 당연하고 필수적인 일로 보인다. 같은 이치로, 위에서 언급한 기후 지식의 발전과 틀짜기를 비판 없이 수용하고, 지구 온도나 탄소 중립 목표치를 숭배물로 받들면, 기후주의 이념은 탄탄한 과학적 근거를 가진 것, 인식적으로 정당하고, 따라서 필수 불가결한 것처럼 보인다. 이것이 기후 변화 공공 정치에서 '과학자들을 따르라'는 구호가 그토록 널리 채택된 이유이다.

유엔 IPCC는 이 이야기에서 중요한 역할을 담당했다. IPCC는 정책 결정자들에게 정책 중립적인 지식과 조언을 제공한다는 공식 견해를 밝힌다. 정책 처방을 내리지 않는다고 공언한다. 하지만 실상은 이 장에서 살펴본 것과 같은 파급력 있는 과학적 관념들을 구체화하고 홍보함으로써 IPCC는 암묵적으로 특정 방향으로 정책 논의를 이끄는 강력한 대변자가 되었다. 1988년 이래로 IPCC는 기후 변화, 사회, 미래에 관해 특정 과학적 사고 방식을 채택하거나 반영하는 것 이상의 역할을 해 오면서 그 사고방식의 형성을 적극적으로 도왔다.[21] IPCC 덕분에 생긴 인식적 권위는 심오한 방식으로 정치적 사고와 공공 담론의 모습을 형성했다. 의도하지 않았더라도 그것은 1장에서 서술한 일련의 단계를 가능하게 만들었다. 기후와 기후 변화 연구에서 출발해 기후화 과정을 거쳐, 결국 기후주의의 출현으로 마무리되는 과정이다.

기후 과학이 틀리지 않은 이유. 그러나…

이 장에서 내 주장이 마치 인간이 물리적 기후에 끼친 영향이 현재 상당한 수준이며 아직도 커지고 있다는 과학적 증거를 신뢰할 수 없다는 도전적인 의미로 해석되어서는 안 된다. 과학이 이런 지식에 신뢰와 견고함을 부여한 노력의 역사는 무려 100년에 달한다. 경력을 쌓기 시작한 초창기의 나 역시 그런 노력에 힘을 보탰다. 수년간 역사적인 전 세계 기후 데이터를 수집·분석했고, 결과로 나타나는 추세를 기후 모형이 제시하는 결과와 대조하는 일을 했다. 그 결과로 IPCC의 2007년 노벨평화상 공동 수상에 이바지한 공로를 인정하는 인증서를 받기도 했다.

하지만 기후 변화와 사회에 관한 과학 연구와 사회과학 연구는 다른 방법으로 수행할 수 있다. 기후 변화에 관한 이야기를 다른 틀 속에서 보는 방법도 있다. 그리고 지식의 틀짜기를 바꾸면 다른 정치적 행동이 떠오르고, 그런 다음 그것들이 가능하고 효과적으로 보일 수 있는 여건을 형성한다. 효과적인 적응이 기후 예측의 정확성에 달려 있다면, 예측 향상에 투자하는 것이 최선일 것이다. 세계가 한계점에 도달하기까지 정말 7년밖에 남지 않았다면, 기후 비상사태 선포가 최선일 것이다. 이 징에서 내 요점은 첫째로 지식을 구축하는 여러 틀이 있다는 점을 인식하고, 둘째로 그것을 인식함으로써 그런 틀짜기가 정당한지, 그리고 그것들이 정책 조치에 끼치는 영향이 바람직하거나 효과적인지 의문을 제기하는 위치에 서는 것이다. 세계에 관한 지식이 생기는 방식은, 그렇게 생겨난 지식이 세계를 바꾸는 방식과 관련해서 생각했을 때 결코 중립적이지 않다.

지난 40년에 걸쳐 기후주의의 출현에 필요했던 인식적·담론적 여건을 설명했으니 이제 이런 질문을 던져 보자. 기후주의적 서사(기후 연구 과학화, 더 정밀한 모형화 요구, 극한 기상 재난의 원인을 인위적인 기후 변화로 규명하는 통계적 분석 방법을 막론하고)에서 과학이 차지하는 지배적인 역할을 고려할 때, 은연중에라도 과학계 및 학계는 기후 변화에 대한 이런 틀짜기, 즉 세계에 대한 지식을 얻는 이 방식에 얼마나 동화되어 있을까? 더 적나라하게 묻자면 기후 과학과 기후 사회과학은 얼마나 기후주의적인가? 이 질문에 답하는 것이 다음 장에서 논의할 과제이다.

과학이 기후주의에 빠지는 과정

제3장

'고귀한 거짓말'로 지키고 싶은 것들

2017년 12월, 파리기후협약에 서명한 지 정확히 2년이 흐른 때였다. 유엔환경계획(UNEP)은 파리에서 '하나의 지구 정상회의 One Planet Summit'라는 또 다른 회의를 소집했다. 이 회의의 목적은 현장 및 지역, 국가별 대표와 공공 및 민간 금융계 인사들이 모여 '기후 변화에 대응하는 전 세계의 노력을 지원하고 가속화'할 방안을 협의하는 것이었다. 총 8곳의 중앙은행 및 금융감독기구가 모인 회의에서 녹색 금융 시스템 정착을 위한 중앙은행과 감독기관 네트워크인 녹색금융협의체(NGFS)가 출범했다. 이 자발적 네트워크는 기후 리스크를 관리하고 저탄소 투자에 자본을 유치하는 데 있어 금융 시스템의 역할을 강화할 방안을 모색했다. 2017년 이래로 NGFS 회원 단체는 꾸준히 불어나 2023년 11월 기준 129개로 늘었고, 아부다비 금융감독원, 인도네시아 중앙은행, 유럽중앙은행 등이 포함되어 있다.

앞서 1장에서 HSBC의 전 자산관리 책임자 스튜어트 커크에 관해 언급했다. 커크는 내가 기후주의라고 부르는 신조의 어떤 면을 공개적으로 공격한 셈이었고, 그로부터 몇 주 후인 2022년 7월에 직책에서 물러났다. 커크의 불만 중 하나는 중앙은행이 비현실적인 가정으로 기후 변화에 대한 미래 금융 리스크 노출 정도를 진단하고 이런 진단이 기업의 환경·사회·지배 구조 경영 (ESG)에 사용되는 방식이었다. 의문스러운 가정 중에서도 더 정도가 심한 사례들이 NGFS가 기후 위기 스트레스 테스트에 지침으로 채택한 기후 시나리오에 포함되었다.

지난 5년 동안 NGFS는 '가설적이고 극단적이지만 현실화할 수 있는 (기후) 시나리오'에 대해 재무 탄력성을 진단하기 위한 금융 기관들의 스트레스 테스트를 옹호하는 입장이었다. 하지만 '극단적이지만 현실화할 수 있는' 시나리오가 무엇일까? 2021년부터 시작한 시나리오 작업에서 NGFS는 금융 기관들이 스트레스 테스트를 위한 세 가지 다른 시나리오를 사용할 것을 권고했다. 하나는 '질서 정연' 시나리오인데, 세계를 탄소중립으로 이끌 수 있는 선제적이고 야심 찬 계획이 포함되어 있다. 다른 시나리오는 '무질서'인데, 조치가 늦고 파괴적이다. 세 번째 시나리오는 '온실 세계'로, 그 속에서는 기후 정책이 거의 개발되지 않는다. 각 시나리오는 기후 변화에 대한 금융권의 리스크 노출 정도와 투자 수익률 전망에 관해 저마다 다른 시사점을 제시한다.

'온실 세계' 시나리오에서는 2100년이 되면 이산화탄소 배출량이 연간 81기가톤 탄소(GtC)에 달한다. 이것은 2020년의 33기가톤과 대비되며, 2019년 기준의 기후 정책과 기술에서 아무 진전이 없는 매우 보수적인 가정하에 추산된 2100년 예상 연간 배출량(약 25기가톤 탄소)의 3배를 웃돈다. 그렇다면 확실히 미래 기후 리스크에 대한 금융 기관의 재무 탄력성을 평가하는 데 사용되는 '온실 세계' 시나리오는 '극단적'이다. 하지만 이 시나리오가 '현실성'이 있다고 말할 수 있을까? 그렇지 않을 가능성이 매우 높다. 정책 분석가 로저 피엘케 주니어Roger Pielke Jr는 커크의 사임을 두고 이렇게 꼬집었다. "ESG 커뮤니티, 그리고 그 외 영역에서 기후와 전환 리스크를 논의할 때 극단적 시나리오를 오용하는 일은 고질적이다. 이런 문제를 강조하는 것은 옳다. 시나리오를 잘못 사용하는 일은 그 자체로 국제 금융의 주요 리스크이기 때문이다."[1]

지금부터 살펴보겠지만 비현실적인 배출 시나리오(따라서 비현실적인 기후 시나리오)를 제도적으로 사용하는 일은 금융 분야에만 국한되지 않는다. 이는 특히 기후주의 이념이 쉽사리 빠지는 위험이다.

기후 시나리오의 사용과 오용

이제 미래 기후 시나리오는 미래 기후 변화의 심각성을 확인할 때 기후 과학이 제공하는 '증거 자료'의 핵심 특징이 되었다. 기후 시나리오는 추세, 가정, 판단, 기후 모형들을 조합해서 도출되며, 미래 기후 변화 경로에 관한 설득력 있는 설명을 제공하도록 설계된다. 다양한 분야의 과학자, 사회과학자들이 차례로 기후 시나리오를 이용하는데, 그들은 그런 시나리오들을 통해 미래 기후 변화에 따라 각기 다른 규모로 나타날 사회적·경제적·생태적 영향의 가능성을 추산한다. 이를테면 물 부족, 폭염 스트레스, 매개 감염 질병, 해안 및 하천 홍수가 발생할 가능성을 평가하는 연구에 쓰일 수 있고, 농업과 경제 분야에서 기후 변화 영향에 관한 전망을 하는 데 활용될 수도 있다. 이런 '영향 분석'은 기후 변화 완화와 기후 변화 적응이라는 두 가지 정책 개발에 미치는 영향력이 크다. 기후 시나리오들과 그것들을 다양하게 적용한 내용은 IPCC 보고서에서 큰 부분을 차지한다. 기후 시나리오는 어느 때보다 널리 사용되고 있다. 정책 입안자와 정책 지지자, 싱크탱크, 인도주의 단체, 은행, 기타 금융 기관, 민간 기업, 그 외에도 많은 기관에서 기후 시나리오를 활용한다. 게다가 기후 시나리오는 기후 변화가 공적 담론으로 논의되는 방식에 상당한 영향을 미친다.

하지만 우리가 NGFS의 경우에서 보았듯이 거기에는 문제가 있다. 지난 10년간 정책 분석 결과를 알리고 여론을 형성히는 데 사용된 많은 시나리오는 미래 기후 변화 가능성을 과대평가했다. 기후 시나리오의 이런 편향은 크게 두 가지 이유에서 생겨났다. 하나는 온실가스 배출, 특히 이산화탄소 배출이 미래에 어떻게 변화할지에 대한 가정과 관련이 있고, 다른 하나는 이런 배출 시나리오를 기후 예측으로 변환하는 기후 모형의 결함과 관련이 있다. 차례로 살펴보자.

이제까지 10년이 넘도록 연구자들은(IPCC를 포함해서) 대표농도경로(RCP)라고 불리는 배출 시나리오를 사용해 왔다('농도'는 대기 중 온실가스 농도를 의미한다). RCP는 크게 네 가지다. 가장 보수적인 시나리오는 미래 지구 온도가 섭씨 2도(RCP2.6) 아래로 상승한다는 것이고, 가장 나쁜 시나리오는 화석연료, 특히 석탄의 연소가 거의 줄지 않아 21세기 말경 미래 세계가 섭씨 4도 또는 5도(RCP8.5) 수준으로 더 온난화될 것으로 예측한다.[2] RCP는 통상적인 '배출 전망치' 시나리오와는 다르다. 2010년 무렵에 당시 기준으로는 그럴듯해 보였던 미래에 대한 가정을 바탕으로 온실가스 배출량을 전망한 수치에 지나지 않았다. 하지만 많은 분석가가 마치 '아무 조치도 하지 않으면 미래에 그런 일이 벌어질 것'처럼 RCP8.5를 기본적인 기준 사례로 사용하기 시작했다. 정책 분석가 로저 피엘케 주니어와 저스틴 리치Justin Ritchie의 분석에 따르면, 2020년 1월부터 2021년 6월 사이에 RCP8.5를 사용하는 과학 연구 논문이 7,000편 이상 발표되었는데, 이는 덜 극단적인 다른 RCP 시나리오를 다룬 논문에 비해 현저히 많은 양이다.[3]

하지만 '8.5 시나리오'가 발생할 가능성은 현재 매우 낮다. RCP8.5 시나리오의 전제가 된 가정은(2000년대 후반에 세워졌

다) 지난 10년이 흐르는 동안 점점 더 억지스러운 것이 되었다. RCP8.5는 금세기 동안 대략 8,000기가톤의 탄소가 추가로 배출된다고 가정한다. 현재 추세와 정책에 가장 근사하게 부합하는 RCP 시나리오가 2,000에서 4,000기가톤 사이니까, 거의 3배에 가깝다. 구체적으로 RCP8.5의 가정에 따르면 2011년부터 금세기 말까지 석탄 사용은 5배 증가한다. 하지만 석탄 연소는 전 세계적으로 2015년을 전후로 정점을 찍었다. 재생 에너지 비용이 줄었으므로 석탄 사용 감소 추세는 역전될 가능성이 거의 없다. 지역별 전쟁과 에너지 안보 문제를 고려하더라도 그렇다.[4]

기후 시나리오가 편향성을 띠는 두 번째 이유는 배출 시나리오를 미래 기후 예측으로 변환하는 데 사용하는 기후 모형과 관련이 있다. IPCC가 2021년 제6차 평가 보고서에서 사용한 몇몇 기후 모형은 '너무 뜨거운' 미래를 그린다. 말하자면 미래 온실가스 농도 증가를 몹시 민감하게 반영한다. IPCC는 이런 문제를 인식하고 보고서에 언급했다. 하지만 기후 모형을 영향 연구나 정책 옹호에 활용하는 다른 과학자, 사회과학자, 로비스트들은 그 사실에 그다지 주목하지 않았다. 최근에 기후 모형 개발을 선도하는 전문가 집단은 "많은 과학 문헌이 IPCC가 사용한 접근 방식을 그대로 사용하지 않고 온난화가 심한 뜨거운 모형에 과하게 치우쳐 있어서 걱정스럽다"고 언급했다. 과학 저널리스트 폴 부센Paul Voosen은 더 노골적이다. 그는 "(IPCC가 사용하는) 많은 기후 모형은 문제가 심각하다. 그 기후 모형이 제시하는 미래는 너무 빠르게, 너무 뜨거워진다"고 꼬집었다.[5]

모든 기후 시나리오가 RCP8.5 배출 시나리오와 고온 기후 모형을 결합한 것은 아니다. 하지만 그 둘을 결합하여 보고된 미래 기후 변화의 속도와 미래 기후 영향의 심각성에 체계적인 편향이 생길 수도 있다. 기후 변화의 미래 영향이 '생각했던 수준보다 더 나쁠 수 있음'을 암시하는 보고를 확인해 보면, RCP8.5 배출 시나리오와 고온 기후 모형 중 어느 한 가지라도 사용했거나 둘 다 사용한 경우가 많았다.[6] 그런 과학 분석이 임의로 설정한 민감도를 확실히 밝히거나, 가설을 검증하거나, 과학적 이해를 증진하는 데 사용되는 방식으로 중립적인 용어를 사용하여 제기된다면 별문제가 아니다. 하지만 그런 분석 결과를 문자 그대로 받아들이면, 즉 대중과 정책 입안자들이 그것이 실제 벌어질 미래를 묘사한다고 믿으면 오해의 소지가 있다. 이처럼 과장된 연구가 공적인 적응 및 완화 정책을 입안하는 데 사용되면, 이를테면 중앙은행이 금융 스트레스 테스트에 반영하거나 경제 분석에서 탄소의 사회적 비용을 계산하는 데 사용되면 위험하다.

이때까지 기후 과학이 어떻게 의도치 않게 기후주의 이데올로기를 지탱하는 도구가 되는지를 살펴보았다. 그 속에서 리스크는 과장되고, 기후는 적정 수준보다 훨씬 지배적으로 미래를 형성하는 요소로 격상된다. 몇 년 전에 사회과학자 케이닌 브라이스Keynyn Brysse와 동료 연구자들은 기후 과학자들이 미래 기후 영향에 관해 '신중한 수치'를 제시하는 것에 치우쳐 있으며, 그들의 표현에 따르면 "가장 극적이지 않은 결과에 안주하는 실수"를 저지른다고 주장했다.[7] 내가 여기서 주장하는 것은 기후 과학자들이 지나치다 싶을 정도로 극적인 결과를 제시하고, 대부분이 그것을 깨닫지도 못한다는 사실이다.

과학과 이데올로기

기후 과학은 어쩌다가 미래 기후 영향을 '과도하게 높게' 예측하는 편향을 보이고, 결국 잠재적으로 정책을 잘못 이끄는 결과를 낳았을까? 기후 과학이 자발적이든 아니든 특정한 이념적 임무를 맡았기 때문일까? 아니면 적어도 기후주의 이념에 영향을 받기 쉬워서일까? 2장에서 나는 지난 50년 동안 기후에 대한 과학과 사회과학 연구에서 나타난 10개의 '변화'를 통해 기후주의가 출현한 과정을 제시했다. 이 장에서 나는 독자들이 기후 변화에 관한 과학 지식과 기후주의 이념 사이에 재귀 관계(분석의 결과가 분석 대상 자체에 다시 영향을 미치는 연쇄 관계 -옮긴이)가 성립할 가능성에 주목해주기를 바란다. 내가 제시하는 가능성은(이것이 사실이라면 '위험'이 되는데) 과학과 이념이 상호 간에 자기강화되었다는 말이다.

과학과 이데올로기가 밀접한 관계를 맺고, 상호 의존적 상태에 놓이는 일은 예전에도 있었다. 끔찍한 사례가 우생학인데, 문자 그대로 '좋은 태생'에 관한 연구이다. 20세기 초 수십 년 동안 우생학은 많은 서구 과학자, 의학자, 정치가의 상상력을 장악했다. 우생학자들은 더 건강한 동물을 번식시키는 과학 기술이 인간에게도 적용되어야 한다고 주장했다. 고생물학자이자 미국 우생학협회American Eugenics Society 공동 창립자인 헨리 오즈번Henry Osborn은 1921년에 이렇게 선언했다. "과학은 질병 예방과 질병 확산에 있어서 정부를 계몽했다. 마찬가지로 과학은 가치 없는 사회 구성원들이 퍼지고 증식하는 것을 예방하는 일에서도 정부를 계몽해야 한다."[8] 주류 과학자들은 이 이념을 지지하는 데 공을 들여 콘퍼런스를 개최하고, 논문을 발표했으며, 연구 자금을 확보하고, 불임 시술에 관한 법을 옹호했다.

이와 비슷한 예로 인종주의 이념이 있다. 인종주의는 인종으로 구분되는 인간 집단이 생리학적으로 다르게 태어나며, 개인은 자기가 속한 인종 집단에 따라 서열이 나뉘고, 다르게 평가받으며, 다른 대우를 받을 수 있다는 확립된 믿음이다. 널리 알려진 대로 생명과학은 사람들을 '본질화한 인종'이라는 개념을 통해 과학적으로 연구하고 이해할 수 있다고 주장하며 인종주의 이념을 뒷받침하곤 했다. 오늘날 사람들은 이것을 인종주의라 부르고 이와 관련해 과학이 과거에 한 일을 꼼꼼하게 살필 것을 촉구한다. 최소한 과학과 이념 사이, 즉 생물학과 인종주의 사이에 그런 긴밀한 상관관계가 있다는 것을 인식하기만 해도 우리는 인종 개념이 생의학과 유전학 연구에서 어떻게 사용되어야 하고, 또 어떻게 사용되어서는 안 되는지 의문을 제기할 수 있다.[9]

비슷한 맥락으로 이 장에서 나는 기후 과학과 기후 과학자들이 (의도했든 아니든) 기후주의 이념에서 얼마나 큰 영향을 받았는지 탐구하려고 한다. 생물학과 인종주의의 상호 관계에 그대로 대입해 보자. '본질화한 기후' 개념을 통해 미래 사회와 지역, 문화를 연구하는 것이 기후주의 이념의 지지대로 활용될 수 있을까? 나는 '본질화한 기후'라는 말을 과학 방법론적 관념으로 사용한다. 기후 현상은 인간 및 비인간 세계와 다양한 방식으로 상호 작용하는데, 그 방식을 형성하는 사회적·경제적·문화적·정치적 조건에서 기후를 별개로 분리할 수 있는 관념이다. 이 관념을 통해 대기 현상이 어떻게 중요성과 의미를 얻는지를 알 수 있다. '인종' 개념이 생물문화적인 것처럼(인종은 생물학이나 문화 중 어느 하나로만 환원될 수 없다), '기후' 개념도 사회-물리적인 것으로 이해해야 한다.

따라서 인간 사회에 미치는 기후의 의미는 단순히 수리물리학으로 모형화할 수 있는 대기의 충격 같은 것이 아니다. 기후의 중요성은 대기를 구성하는 자연의elemental 힘, 이런 힘들이 작용하는 생태계와 그 속에 구현된 생명체 및 기반 시설이 지닌 물질성 그리고 그 전체 경험을 이해하고 의미를 부여하는 인간의 상상력이 빚어내는 상호 작용에 있다. 개인의 유전자 정보를 안다고 해서 그 사람의 신체적 역량이나 지적 역량, 도덕적 수준을 단정할 수 없듯이, 한 장소의 물리적 기후를 아는 것이 그 장소의 사회적·경제적 속성이나 문화적 가치를 결정하지 않는다. 미래의 대기 상태를 묘사하는 숫자 집합을 생성하는 일은 가능할 수도 있다. 하지만 그 숫자들을 가령 미래에 공유될 인종차별적 트윗 건수, 미래에 무력 분쟁이 확산하는 정도 또는 한 지역 경제의 생산성 등으로 변환하는 알고리즘에 끼워 넣으면 크게 잘못된 결과를 얻을 수 있다. 그것은 마치 개인의 유전자 정보를 가지고 그 사람의 생애 역사를 설명하고 미래를 점치는 해설서를 만드는 것처럼 잘못된 일이다. 기후의 본질주의는 이전 장에서 제시한 '변화 1'과 '변화 2'를 통해 생겨났다. 그렇게 기후 개념은 인간 세계를 이해하는 일로부터 동떨어지게 되었다. 그리고 기후의 과거와 미래를 이해하는 일은 오직 그것을 물리적인 관점으로만 파악하는 일로 축소되었다.

여기서 오해는 금물이다. 기후 과학자가 우생학자나 다름없고, 기후주의가 인종차별주의와 마찬가지라는 말이 아니다. 이념들은 실질적으로, 정치적으로, 또 도덕적으로 서로 많은 점에서 다르다. 따라서 각 이념을 떠받치는 과학이 인종차별적이거나 기후주의적으로 보이는 방식에도 많은 차이가 있다. 하지만 나는 둘을 비교하는 일이 유익하다고 본다. 적어도 과학적·사회과학적 조사 — 기후 과학이든 생명과학이든 — 의 구조화가 물리적 원인에 대한 특정한 이념적 주장에 신빙성을 부여하는 일에 대해, 즉 인간 사회의 운명이 미래의 물리적 기후에 달려 있다는 주장과 개인의 운명이 생물학적으로 구별되는 유전자에 달려 있다는 주장의 유사점을 탐구하는 일은 가치가 있다.

내가 논의의 시작으로 삼을 명제는 다음과 같다. 기후 과학과 기후 사회과학은 기후주의 이념을 적극적으로 강화하지는 않더라도 이를 반영하기는 매우 쉽다. 다시 말하면 기후 연구를 뒷받침하는 과학과 사회과학이 기후주의에 인식적인 비중을 부여하라는 압력을 노골적이고 또 은밀하게 받는다는 뜻이다. 이것은 최소한의 주장이다. 이런 압력은 내부 또는 외부에서 발생해 과학의 제도와 관행에 영향을 미칠 수 있다. 지금부터 나는 어떻게 기후 과학이 이념적 압력 속에서 휘고, 찌그러지고, 가끔은 부서지는지에 대한 몇 가지 사례를 제시할 것이다. ① 기후 영향의 평가와 소통의 불균형, ② 불확실한 것들의 진달과 기후 과학의 침묵, ③ 기후 과학이 얻는 이익에 관한 사례들이다.

기후 영향 평가의 불균형

앞에서 나는 비현실적인 배출 시나리오를 고온 기후 모형과 결합시키면 기후 영향 분석이 편향될 수 있다고 강조했다. 하지만 분석가들이 더 현실적인 배출 전망치를 선택하고, 지금까지 관측된 온난화 수준을 더 잘 재현하는 기후 모형을 사용해도 편향성이 생기곤 한다. 기후 연구자들이 기후 환원주의적으로 연구를 수행하거나 기후 영향 평가를 비대칭적으로 수행하면 미처 깨닫지 못하는 사이에 자신이 기후주의에 신뢰성을 보태고 있음을 발견하게 될 것이다.

기후 환원주의는 기후 변화가 미래 세계에 미칠 수 있는 영향을 독립시켜 생각한다. 기술이나 지정학, 경제, 문화적 가치 측면에서도 발생할 수 있는 미래의 수많은 변화를 거의 고려하지 않는다. 앞 장에서 본 '변화 5'가 여기에 해당한다. 그 결과로 기후는 미래를 형성하는 데 터무니없이 큰 역할을 담당하게 된다. 이것이 기후주의 이념을 살찌운다. 가령 영양실조, 말라리아, 설사, 열 스트레스 증상의 미래를 생각해 보자. 2021년에 세계보건기구(WHO)는 2050년까지 기후 변화가 초래한 이런 다양한 질환으로 사망하는 사람들이 매년 25만 명씩 더 증가할 것으로 추산했다.[10] 기후 변화로 질병 전염 패턴이 바뀌고 사람들의 식단이 영향을 받으며 결국 영양 섭취에 관련된 질병 민감성도 영향을 받으리라는 점은 의심할 여지가 없다. 하지만 기후는 전염병 및 영향 질환의 미래 부담을 결정하는 유일한 요인과는 거리가 멀고, 심지어 지배적인 요인도 아니다. 경제 동향, 부의 분배, 생활 양식의 선택, 도시-농촌 간 이동성, 교육 성취도, 공중 보건 인프라와 교육 프로그램 및 기타 많은 요소가 미래 질병 부담에 훨씬 더 큰 영향을 끼친다. 25만 명이라는 구체적인 사망자가 '기후 변화' 때문에 발생한다는 주장은 지레짐작에 불과하다. 이는 향후 몇 년 동안 기후 변화를 억제할 수 있다면 25만 명의 목숨을 살릴 수 있다는 것을 암시한다. 오해의 소지가 있는 표현이다. 이 사례는 기후 환원주의의 한 예일 뿐이지만, 과학이 얼마나 손쉽게 기후주의 이념을 유지하는 데 쓰일 수 있는지 보여 준다.

두 번째 문제는 기후 환원주의와도 관련이 있는데, 기후 변화의 영향에 관한 항목 선정, 평가, 결과 소통에 관한 것이다. 기후 온난화가 인류 복지와 생태적 온전성에 심각한 위험과 도전을 불러올 것이라는 사실은 의심의 여지가 없지만, 모든 기후 변화의 영향이 지역과 분야를 막론하고 언제나 부정적이기만 한 것은 아니다. 기후 환원주의를 고려한다고 해도, 미래 기후 영향을 체계적으로 평가하고 대중과 소통하는 과학 평가 보고서에 이런 현실이 항상 반영되어 있지는 않다.

이 편향이 두드러진 사건이 2010년에 발생했다. 2007년

IPCC 제4차 평가 보고서가 발간되었는데 기후 영향, 적응, 취약성에 초점을 맞춘 제2실무그룹 보고서 부분에서 자잘한 실수와 모순점이 발견되었다. 사실에 관한 오류 중 가장 끔찍했던 것은 네덜란드와 관련된 부분이었다. IPCC는 네덜란드 국토의 55%가 해수면 아래에 잠겼다고 서술했는데, 정확한 수치는 26%였다. 네덜란드 정부는 몹시 불쾌해 했고 또 다른 오류를 잡아내기 위해 네덜란드 환경보호국(PBL)에 보고서에 대한 전면적인 감사를 의뢰했다. 감사 결과 다소 모호하고 근거가 빈약한 진술이 몇몇 발견되기는 했지만, 기후 변화가 미래에 많은 부분에서 심각한 영향을 끼칠 것이라는 보고서의 기본 결론은 그대로 유지되었다.[11]

하지만 감사를 통해 정책 집행자를 위한 요약본(SPM)에는 기후 변화의 영향 중 부정적인 것들만 강조되었다는 사실 또한 드러났다. 기후 변화의 장점에 관한 언급은 전혀 없었다. IPCC 저자들은 이런 치우친 선별이 기후 변화 평가에 관해 '위험 중심적' 접근 방식을 취하도록 만든다고 변명했다. 그들은 각국 정부가 자신들에게 그렇게 요구했다고 주장했다. 다른 한편, PBL 감사는 IPCC가 자신들이 그런 접근 방식을 채택했다는 사실을 분명히 드러내지 않았다는 점을 비판했다. 그런 내용을 모르고 SPM 보고서(대개 정책 입안자 또는 관심 있는 대중이 읽는 유일한 부분인)를 읽는 독자는 전 세계 어느 곳에서도 기후 변화가 초래하는 이점은 전혀 없다고 결론 내렸을 것이다. PBL은 IPCC에 앞으로 발간하는 보고서 안에 평가 방법론과 보고서에 포함된 영향을 선별한 근거를 분명히 밝힐 것을 권고했다. PBL이 제시한 개선안은 향후 제2실무그룹용 SPM 요약 보고서를 두 부분으로 구분해 발간하라는 것이었다. 한 부분에는 불확실성과 영향을 끼칠 가능성이 있는 비기후 요소와 함께 긍정적인 영향을 포함한 전 영역에 걸친 기후 영향 전망치를 서술하고, 다른 부분은 최악의 경우를 상정하는 위험기반접근법(RBA)에 따라 기후 변화기 미치는 가장 중요한 부정적 영향만 쓰는 것이다. 이렇게 투명성을 높이면 정책 입안자들이 미래 기후 변화의 영향을 더 균형잡힌 시각으로 바라볼 수 있을 터였다. 하지만 권고안은 반영되지 않았고, 2014년과 2022년에 걸쳐 두 차례 새로 출간된 보고서들은 모두 기존 형식을 따랐다.

기후 영향에 대해 선별적으로 보고하는 더 최근의 사례는 BBC 바이트사이즈(Bitesize) 누리집에서 찾을 수 있다. 바이트사이즈는 취학 연령대 아이들을 대상으로 만든 교육 누리집인데, 14~15세 학생용으로 기후 변화 주제를 다루는 내용이 있었다. 거기에는 미래에 지구 온난화가 초래할 많은 위험과 부정적 영향이 나열되어 있는데, 높아진 온도가 '더 건강한 야외 생활 방식을 이끌 수 있다'거나 북극 고위도 기후가 더 따뜻해지면 알래스카와 시베리아 원유에 대한 접근성이 개선될 수 있다는 내용도 담겨 있었다. 다른 잠재적 이점들도 언급되었는데, 시베리아에서 농업 생산이 확대될 수 있고 빙하가 녹아 북극을 경유하는 새 운송망이 생길 수 있다는 것 등이었다. 기후 온난화가 이런 결과를 낳을 가능성이 있다는 사실에 반론의 여지는 없다. 하지만 2021년에 기후 과학자들과 활동 단체들이 계속해서 거센 압력을 넣은 결과, BBC는 해당 콘텐츠에서 기후 변화의 '이점' 부분을 삭제했다. 학생들은 기후 변화의 부정적인 영향만 배우게 되었다.[12]

과학적 불확실성에 대한 소통

앞 장에서 본 것처럼 기후주의 이념은 과학적 방법론으로 만든 지지대에 크게 의존한다. 다시 말해 기후주의의 인식적·표현적 신뢰성은 기후 과학과 기후 과학자들의 주장에 의존한다. 이것은 기후주의가 특정 종류의 비판에 취약하다는 뜻이다. 기후 과학의 주장이 틀렸거나 과장되었다고 판단되면, 전체 중 일부만이 그렇더라도 기후주의의 전체 구조가 의심받을 수 있다. 반대로 기후주의 때문에 기후 과학이 정치적 압력을 받아 왜곡될 가능성도 열린다. 기후 과학자들은 무슨 수를 써서라도 기후 과학의 권위와 '진실'을 옹호할지도 모른다. 비평가나 일반 대중에게 과학의 찜찜한 불확실성과 해결되지 않은 모호성을 드러내는 것이 두렵기 때문이다.

하지만 지식의 불확실성(증거의 모호성과 잠정적이며 서로 진실이라
고 주장하는 발견들)은 과학계 어디에나 존재한다. 사실 과학의 그
런 특징을 명백하게 공개하는 것이야말로 과학이 도그마와 다
른 점이다. 앞서 본 대로 이런 특징은 특히 과학자들이 미래에
관한 예측을 해달라고 요청받을 때 두드러진다. 따라서 기후 과
학자들은 이러지도 저러지도 못하는 처지일 수도 있다. 저명한
미국의 기후 과학자 스티븐 슈나이더Stephen Schneider가 '이중의 윤
리적 구속double ethical bind'이라는 비유를 사용해 이런 곤경을 표현
한 것이 유명하다.

한편으로 우리는 과학자로서 과학적 방법론에 윤리적으로 구
속되어 있는데 실제로 진실을 말하고, 진실 전체를 말하며, 진
실이 아닌 것은 말하지 않는다는 약속이다. 이 말은 과학자는
모든 의심과 주의 사항을 언급하고, '만약'과 '그리고', '하지만'을
포함해야 한다는 뜻이다. 다른 한편으로 (…) 잠재적으로 재앙적
인 기후 변화의 위험을 줄이기 위해 (…) 대대적인 언론 보도가
필요하다. 따라서 우리는 무시무시한 시나리오를 제시하고, 단
순하고 극적인 진술을 해야 하며, 행여 의심이 들더라도 가급적
언급하지 않아야 한다. (…) 우리는 저마다 효과와 정직 사이에
서 좋은 균형점을 결정해야만 한다. 그것이 둘 다를 갖추는 균

형점이기를 바란다.[13]

슈나이더의 '이중의 윤리적 구속' 개념에 자극받은 일부 철학자들은 과학자들이 플라톤의 '고귀한 거짓말' 같은 행위를 받아들여야 한다고 옹호하는 결과로 이어졌다. '고귀한 거짓말'은 사회 질서를 유지하거나 의제를 발전시키기 위해 사회 지도층이 거짓 혹은 속임수를 퍼트리는 것을 의미한다. 즉 명분이 거짓을 정당화하는 셈이다. 구체적인 사례로 베테랑 과학철학자 필립 키처Philip Kitcher는 특히 기후 과학에 관해 비슷하게 주장한 바 있다. 키처는 2011년에 발간한 《민주사회의 과학(Science in a Democratic Society)》에서 다음 시나리오를 제시했다. 한 대기 과학자가 지구 온난화로 해수면이 상승하는 특정 모형에 도전적인 발견을 한다. 이 과학자는 자신의 발견이 추가 연구를 거치며 보완될 것이고, 결국 주류 견해와 상충하지 않으리라 기대한다. 한편으로 기후 회의론자들의 무기에 총알을 주고 싶지도 않았으므로 출판은 연기한다. 그런데 한 야심만만한 연구원이 비밀리에 그 결과를 빼돌려 언론에 공개한다. 언론은 과학자가 사실을 은폐했다고 비난하고 기후 변화가 인위적이라는 핵심 증거가 반박되었다고 보도한다.[14]

키처는 과학자가 제 발견을 대중에게 공개하지 않은 것이 정당했다고 결론 내린다. 다시 말해 '진실을 최소한으로' 제공하는 것은 괜찮다. 키처는 그 가상의 과학자가 '(자기 발견이) 오해를 낳는 방식으로 이용될 위험을 현명하게 예측했고, 대중의 자유를 증진하기 위해 자신이 할 수 있는 것을 한 것'이라고 생각했다.

옹호하기에는 위험한 입장이다. 이것은 적어도 과학자들이 과학 프로젝트가 가진 잠정적이고 불확실한 본질을 대중에게 드러내는 것이 두렵다는 이유로 과학적 발견을 숨기는 것을 정당화한다. 최악의 경우는 그런 발견이 과학자가 자신의 연구가 기여하고 있다고 믿고 있을 '선한 대의'를 훼손할지도 모른다는 것이다. 어느 쪽이든 그런 방식으로 고귀한 거짓말을 정당화하는 행위는 전문적인 과학 규범과 관행을 전복한다. 과학자가 자의적으로 판단한 더 고귀한 윤리적 목적을 지닌 것을 지키려고 '과학의 평판을 훼손하는' 위험을 무릅쓴다. 이 시나리오에서 기후 과학은 스스로 기후주의자가 된다. 기후 과학은 과학의 이상을 추구하기보다 기후주의 이데올로기를 방어한다.

2009년 말에 이런 부적절한 방어주의를 드러내는 실제 사건이 벌어졌는데 파급력이 대단했다. 인도 정부가 IPCC 제4차 평가 보고서의 히말라야 빙하가 녹는 속도에 관한 수치가 거의 한 자릿수에 가깝게 틀렸다고 지적했는데, IPCC의 라젠드라 파차우리Rajendra Pachauri 의장이 이의 제기를 묵살한 사건이었다. 파차우리 의장은 인도 정부의 주장을 검증하는 대신에 생방송으로 인도 TV에 출연해 그 주장이 '오만'하고, '부두 과학'을 대변한다고 일축했다. '부두 과학'이라는 용어를 사용함으로써 의장은 과학 지식(나중에 오류로 드러났다)이 단순한 믿음, 미신이나 이념과는 다르다고 정당화하려 했다. 의장은 인도 정부의 이의 제기에 정치적 꿍꿍이가 있고 과학적으로 잘못 논파될 수 있다고 주장했는데, 결국 역설적으로 IPCC가 이의 제기에 대응하는 모습이 바로 그런 경우였음이 드러났다.[15]

'선한 대의'를 위해 과학적 불확실성의 입을 틀어막은 다른 사례로 2009년의 마지막 몇 주 동안 벌어진 기후게이트Climategate 논란이 있다. 영국 이스트 앵글리아 대학 컴퓨터 서버에서 수천 개의 이메일이 무단으로 유출되고 공개된 사건이었다. 사건 이후 몇 년 동안 당시 이메일을 주고받은 과학자들에 대해 업무상, 윤리적 경범죄 혐의가 제기되었는데, 그들이 기후 변화 관련 표준 이론에 관한 '불편한' 데이터를 은폐하고, '대의'에 우호적인 통계적 결과만 보기 좋게 모아 놓았으며,[16] 동료 심사peer review라는 과학적 과정을 왜곡했다는 것이었다. 기후게이트로 주류 기후 과학이 지지하는 기본적 결론이 반박되지는 않았지만, 그 사건은 기후 과학자들이 과학의 온전성을 지키기에 앞서 '대의'를 방어해야 한다는 압력에 얼마나 시달리고 있는지 극적으로 보여 주었다. 이처럼 동기가 깃든 추론이나 집단 사고는 사회의 다른 집단에 유해한 것처럼 기후 과학에도 나쁜 영향을 미칠 수 있다.[17]

기후 과학은 과학적 불확실성에 대해 대중과 소통하는 것에 어려움을 겪고 있다. 이와 관련한 또 다른 예는 '손쓸 수 없는 시점까지 겨우 ○년밖에 남지 않았다'는 비유에 관한 것이다. 최악의 사건은 2018년 IPCC가 《지구 온난화 1.5도에 관한 특별 보고서(Special Report on 1.5℃ of Global Warming)》를 출간하고 나서 벌어졌다. 〈가디언〉은 이 보고서가 '기후 변화 재앙을 억제할 수 있는 시간이 12년밖에 남지 않았음'을 경고한다고 해석한 기사를 실었다.[18] 이 주장은 전 세계로 빠르게 번졌고, '멸종저항'과 같은 새로운 환경 운동 단체와 세계경제포럼, 유엔 사무총장실 등의 설립 단체까지 이 문제 제기에 동참하기에 이르렀다. 하지만 '재앙까지 남은 시간은 12년'이라는 표현은 보고서 어디에도 언급되지 않았고, 어떤 경우에도 경험과학의 발견이 그런 종말론적 선언에 반영될 수는 없는 일이다. 그런 선언들은 노골적으로 규범적이고 수사적인 주장이다.

　　소수의 기후 과학자가 이런 시한부주의 태도에 이의를 제기했다. 그런데도 IPCC는 스스로 발간한 보고서가 그렇게 의도적으로, 대대적으로 잘못 해석되고 있는 상황에서 입을 다물었고 그렇게 함으로써 그런 주장에 암암리에 권위를 실어 주었다. 기후 과학의 선봉에 선 공공의 목소리인 IPCC가 기후 과학이 고귀한 거짓말에 안주한다고 암시한 셈이었다. 과학의 탈을 씌운 채 위기감을 사회적으로 증폭하는 일이 '대의'를 위해서라면 그렇

게 나쁜 것이 아닐 수도 있다는 말이 아닌가.[19]

사심이 깃든 과학

기후 과학이 기후주의 이념을 따른다는 주장에 적합한 영역이 하나 더 있는데, 이는 강조할 가치가 있다. 과학계와 과학자들의 사리사욕과 연관된 것이다. 과학계 전반에서, 특히 과학의 특정 하위 분야에서 이런 비판이 제기되는 일은 흔하다. 과학 프로젝트가 중립적인 '진리 추구'를 동기로 삼지 않고 사적인 이익을 추구한다고, 또는 그런 것처럼 보인다고 비판받는 일들은 종종 있었다. 연구 자금을 확보한다거나, 과학 분야의 자율성을 지킨다거나, 나아가 과학자 개인의 권위나 권력을 획득하는 일 등이 두루 포함될 것이다.

과학사회학자 브라이언 솔터Brian Salter는 이 문제의 한 측면인 과잉 주장에 주목한다. 솔터는 유전체학과 생물정보학 분야에서 '연구비 시장에서 자기 분야의 성공률을 높이려고 과학자들이 완수 기한이나 일정 측면에서 문제가 생길 가능성이 있는 약속을 하는 일에 익숙하다'는 사실을 관찰했다. 솔터는 과학 성과나 돌파구에 관한 장담 또는 높아진 기대가 충족되지 않을 때 과학 영역은 흔한 정치적 문제, 즉 정치인들이나 대중의 관점에서 '그 분야의 정당성을 유지하는' 일에 직면한다고 설명한다.[20]

기후 과학 속에서는 이런 과잉 주장 패턴이 기후 예측과 관련해 가장 뚜렷이 드러난다. 2장에서 살펴본 '변화 2'와 '변화 5'가 기후 과학의 이런 면에 해당한다. 기후 모형을 만드는 연구자들에게 (대규모) 공적 자금을 더 투입하면 미래 기후 예측의 정확성이 크게 향상될 것이라고 장담하고픈 유혹은 늘 존재한다. 정밀성이라면 그럴 수도 있다. 하지만 정확성 개선은 정밀성을 향상하는 일과는 매우 다르다. 가끔은 정밀하기 짝이 없는 틀린 예측보다 정밀하지 않지만 정확한 예측이 훨씬 유용하다. '더 나은' 기후 모형을 사용하면 기후 시스템의 물리적 과정에 대한 정보를 더 많이 얻을 수도 있다. 하지만 지식이 더 많아지면 불확실성의 크기도 함께 커진다. 최근에 막대한 공적 자금이 투입된 기후 모형 프로젝트는 소위 'K 격자 단위 기후 모형' 개발과 관련된 것이었다. 여기서 'K'는 지구를 그리는 $1km^2$ 격자를 나타낸다. 격자형 기후 모형의 해상도를 2,500배라는 엄청난 수준으로 향상한다는 말인데, 드는 비용도 엄청나다. 선도적인 기후 모형 연구자인 개빈 슈미트Gavin Schmidt는 이렇게 언급했다. "신규 제안 과제들은 우리에게 통찰력과 사용하기 좋은 데이터 집합을 제공하는 일을 제쳐 두고 현란한 새 하드웨어를 작동하는 일에 더 집중하게 할 것 같아 우려스럽다. 걱정스러운 것은 기후 모형 예측이 기상 예보 수준으로 해상도가 향상될 거라는 암묵적인 주장은 역풍을 맞게 되리라는 점이다."[21]

인간이 기후에 영향을 끼친다는 과학적 근거의 신빙성을 송두리째 부정하려는 사람들이 가끔 기후 과학이 사적인 이익 때문에 움직인다고 주장하곤 했다. 사회학자 제레미아 보어Jeremiah Bohr는 이런 반대론자들이 사용하는 전략에 주목했다. 그는 기후 과학의 사익 추구 특징을 표현하며 '기후주의 카르텔'이라는 표현을 썼다. 보어의 설명에 따르면, 기후 반대파는 기후 과학자들이 기후 변화 개념을 자신들의 상호 이익을 늘릴 수단으로 인식하며, 같은 생각을 가진 파벌들이 힘을 모으는 폐쇄적 연결고리라는 뜻에서 일종의 기후 카르텔을 형성한다고 비난한다.[22] 기후 과학이 반드시 그런 경우에 해당한다고 말하려는 것이 아니다. 다만 나는 기후 과학의 내부와 외부 모두에 분명히 압력이 존재하고, 적어도 이런 이유로 기후 과학자들이 사적 이익을 추구한다는 인상을 줄 수 있다고 믿는다. 기후 과학이 기후주의에 빠지는 것을 방지하려면 대중의 도전과 정밀 조사, 관리·감독에 열린 대도를 가져야 한다.

기후 과학의 온전성

이 장을 읽으면서 내가 기후 과학이 편향되고, 오해를 불러일으키고, 의심스러우며, 본질적으로 가치 없음을 주장한다고 나를 비난하는 독자들이 있을지도 모르겠다. 이것은 내가 말하고자 하는 바가 아니다. 오히려 나는 독자들이 다음에 주목하기를 바라고 있다. 과학 연구는 늘 특정 사회와 정치적 맥락 속에서 수행되고 어떤 이익과 가치로부터 자유로울 수 없다. 그것은 과학자 본인의 이익과 가치 그리고 연구 자금을 지원하고 그 속에서 과학자가 연구를 수행하는 사회의 이익과 가치를 모두 포함한다. 이것은 과학을 다루는 역사학자, 사회학자, 철학자들이 여태껏 줄기차게, 설득력 있게 제시한 사실이다. 이 사실을 인식하는 일이 과학 지식의 공공 가치를 위축시키지는 않는다. 오히려 과학의 어깨에서 멍에를 벗겨 과학이 다른 형태로 사회가 공유하는 지식, 문화적 가치, 정치적 목표들과 함께 공공 영역에서 제자리를 찾고 결국 사회의 의사 결정에 올바른 제 역할을 수행하도록 돕는다. 과학이 이러한 영향을 받을 수 있다는 것에 경각심을 가지면, 과학의 알갱이와 쭉정이를 더 잘 구별할 수 있다. 과학을 가치 있게 만들 뿐만 아니라 인류가 지식을 형성하는 다른 방식과 구별되게 만드는 과학의 규범과 가치, 관행을 더 잘 북돋울 수 있게 된다.[23]

구체적으로 보자면 기후 과학이 집단 사고나 고귀한 거짓말의 유혹에 면역성이 없다는 사실을 이해할 수 있고, 그런 관행에 대한 가장 좋은 예방책은 동기와 가정, 숨어 있을지도 모르는 맹점을 끈질기게 찾는 것임을 이해할 수 있다. 기후 과학은 인간이 기후에 영향을 끼치는 물리적 과정을 결정하는 최고의 방법일 수는 있지만 과학 지식만으로 기후 정의를 확보할 수 없으며, 실제로 과학 지식만으로 어떠한 경쟁적인 정치적 목표를 달성할 수도 없다는 사실을 이해하게 된다. 기후 과학의 불확실성과 모호성을 공개적으로 그리고 정직하게 소통하는 것이야말로 과학 지식이 대중의 신뢰와 정치적 가치를 얻는 전제 조건이라는 점을 이해하게 된다. 이렇게 과학의 온전성을 보호하고, 과학이 우생학과 인종차별주의와 맺었던 관계에서 교훈을 얻는 것은 기후 과학이 기후주의 이념에 동조할 위험에서 벗어나도록 예방접종을 해줄 것이다. 과학이 자기비판을 멈춘다면, 비록 그 과학이 기후 변화 위기를 세상에 알리는 고귀한 대의를 가진 것일지라도 과학은 더 이상 과학이기를 멈춘 셈이다. 그리고 기후 과학이 자기비판을 멈춘다면, 과학 그 자체와 대중을 대할 때 정직함을 잃는다면 기후 과학은 기후주의에 빠지기 시작한다.

요약

이 장에서 우리는 기후 과학과 기후 사회과학이 기후주의 입장에 빠질 위험이 있다는 점에 주목했다. 이는 과학이 기후주의 이념을 암묵적으로, 명시적으로 지지해야 한다는 내부 또는 외부의 압력에 굴복한다는 의미다. 대중 매체와 환경 운동가, 국제 정치의 중요한 공약이 압력을 행사하는 주체가 되기도 하고, ESG와 유럽중앙은행 사례에서 보았듯이 공사를 막론한 기관과 기업이 기후 위기 평가를 의무적으로 수행하도록 제도화하는 상황이 압력을 가하기도 한다. 기후 과학은 많은 요구를 받는다. 어쩌면 버겁도록 많은 요구일지 모른다.

나는 기후 과학과 기후 사회과학이 '가장 극적이지 않은 결과에 안주하는 실수'를 저지르기보다 때때로 고온 시나리오를 과장 홍보하고, 기후 환원주의적 가정을 비판 없이 받아들이며, 기후 변화 영향을 비대칭적으로 다루는 방식을 통해 귀를 찢는 경고음을 울려 왔음을 알리려고 했다. 또 다른 때에 기후 과학자들은 너무 시끄럽게 울리는 경고음에 대해 적절한 주의를 기울이지 못했다. 그리고 기후 과학자, 기후 사회과학자 집단은 자신들이 만드는 지식이 기후주의 이념을 유지하는 데 꼭 필요하므로 가끔은 고귀한 거짓말의 신화를 정당화할 필요가 있다고 생각하기도 한다. 즉 비판자들에게 그 어떤 약점이라도 드러내는 것이 두려워 일부 과학자는 때때로 무슨 수를 써서라도 자신의 지식을 방어해야겠다고 느낀다. 이것이 자신들이 수행하는 과학의 불확실성을 감추거나 회피하는 것을 의미한다고 해도 말이다.

이렇게 주장하는 동안 나는 독자들에게 과학과 인종차별주의의 (부분적으로) 유사한 점에 대해 경각심을 불러일으키려고 했다. 과학 이론, 과학 개념, 과학 모형, 과학 실험으로 인종이 생물학적으로 결정된 범주라는 개념을 지속시켜 온—그리고 여전히 끝나지 않은—오랜 역사가 있었다. 그 과정에서 과학은 의도치 않게 정치적으로나 윤리적으로 의심스러운 태도와 관행에 신뢰성을 부여했다. 똑같은 이치로 나는 기후 과학에 경고한다. 기후 과학의 이론과 개념, 모형, 실험이 기후가 사람들 그리고 사회와 맺는 관계를 본질주의로, 또는 환원주의적으로 접근하는 관점에 신뢰성을 제공하지 않도록 경계하라. 이에 실패하면 정책의 최종 결과물이 잘못된 결과로 이어질 수 있다. 이것에 관해서는 5장에서 살펴볼 것이다.

지금까지 기후주의가 무엇인지 대강의 윤곽을 잡고, 기후주의가 기후 과학과 맺는 밀접하고도 잠재적으로 문제가 될 소지가 많은 관계를 분석했다. 이제 나는 다른 질문에 답할 필요가 있다. 기후주의 이념은 어떻게 현대 세계에서 그런 저명함을 얻게 되었을까? 구체적으로 말하자면 기후주의가 발전시킨 기후 변화의 거대 서사가 도대체 무엇이기에 그 이념이 그토록 수많은 개인에게 호소할 수 있었으며, 사회 운동에 뿌리를 내리고 공공 단체를 형성하도록 권한을 부여했을까?

거부할 수 없는 기후주의의 매력

2021년 12월에 개봉한 영화 〈돈 룩 업Don't Look Up〉은 지구 종말을 다룬 풍자 영화다. 리어나도 디캐프리오, 제니퍼 로런스, 메릴 스트리프가 출연했고, 그해 크리스마스 주간에 넷플릭스에서 가장 많이 시청된 영어권 영화였으며, 공개 첫 주에 조회수로는 역대 2위를 기록했다.

영화는 두 명의 미국 천문학자 ─ 천문학과 박사과정 대학원생 케이트 디비아스키와 지도 교수 랜들 민디 박사 ─ 가 지구로 향하는 혜성에 관해 인류에게 경고하려고 분투하는 이야기를 담았다. 혜성은 크기가 엄청나서 지구에 충돌하면 인류 문명이 끝장날 가능성이 컸다. 디비아스키와 민디 박사는 미국 대통령과 백악관 직원들을 직접 만나 상황을 경고했지만 아무도 관심이 없었다. 핵무기를 사용해 혜성의 경로를 차단하고 방향을 바꾸는 계획이 추진되는가 싶더니 몇 차례 얼버무린 끝에 무산되었다. 미국 대통령이 검증되지도 않은 기술을 사용해서 혜성을 조각내고 바다에 떨어진 조각에서 희귀 광물을 회수하는 제안에 찬성했기 때문이었다. 이 계획마저 추진 중에 실패했고 혜성의 궤도는 여전히 지구를 향한다. 영화의 제목은 대통령이 추진한 '돈 룩 업' 대중 매체 캠페인에서 따왔다. 과학에서 영감을 얻은 사회 운동가들이 혜성이 다가오는 현실을 직시하게 하려고 '저스트 룩 업('위를 보라'는 뜻)' 구호를 퍼트리자, 그에 대응해 맞불을 놓겠다고 시작한 캠페인이었다. 지구와 비슷한 행성을 찾아 떠나기 위해 설계한 우주선을 타고 미국 정부 고위 관료들이 지구를 탈출하는 순간, 혜성은 칠레 해안 부근에서 충돌하고 멸종이 뒤따른다.

온라인에서 영화에 관한 수많은 의견이 쏟아졌고 전문 비평가들은 엇갈린 평가를 내놓았다. 〈샌프란시스코 크로니클San Francisco Chronicle〉의 믹 라샐Mick LaSalle은 다음과 같이 찬사를 보냈다. "〈돈 룩 업〉은 2021년 가장 재미있는 영화일 수 있다. 또 가장 암울하기도 한데, 이 묘한 조합이 독특한 경험을 제공한다. (…) 매케이(감독)는 2시간 넘게 웃음을 선사한다. 그러는 내내 세상이 종말을 향하고 있다고 당신을 설득하면서 말이다." 미국 월간지 〈와이어드Wired〉의 아밋 카트왈라Amit Katwala는 "〈돈 룩 업〉은 과학자가 되는 일의 좌절감을 포착했다"고 평론을 마무리했고, 〈주이시 크로니클The Jewish Chronicle〉의 린다 마릭Linda Marric은 별점 5점 만점에 4점을 매기며 이렇게 논평했다. "이 영화가 순수하게 사랑스러운 점은 메시지를 전달할 수만 있다면 바보같이 보일 위험쯤은 조금도 개의치 않는 것처럼 보인다는 점이다."

그렇다면 영화가 말하는 메시지는 무엇인가? 감독 애덤 매케이Adam McKay의 설명에 따르면, 〈돈 룩 업〉은 기후 변화로 인류가 맞닥뜨린 실존적 위협을 다루는 공공연한 우화이다. 지구의 생명을 위협하는 혜성은 기후 변화를 나타내고, 영화는 기후 변화 위기에 무관심으로 대응하는 정부와 정계, 유명 인사, 대중 매체를 코믹하게 풍자한다(특히 미국의 무관심을 겨냥한다). 하지만 이 풍자는 기후 변화가 생명에 초래하는 위기에 관해 특정한 방식의 해석을 가정할 때만 성립한다. 영화에는 기후 변화를 소행성급 충격과 맞먹는 것으로 비유하는 것이 적절하다는 전제가 깔려 있다. 기후 변화 위기가 지구를 뒤흔드는 운석 충돌과 동급으로 간주되는 셈인데, 한 번의 충격으로 지구 생명과 기능을 재배열하는 재앙적인 사건이라는 뜻이다. 영화 속 등장인물이 외친 "지구가 송두리째 파괴된다고요!"라는 말처럼.

　이 비유는 강력하고 널리 사용되는 데다 매력적이기도 하지만 오해의 소지가 있다. 기후 변화는 운석 충돌과는 다르다. 기후 변화의 위협은 그 결과가 인류의 실존 여부로 직결되는 극적이고 결정적인 위협이 아니다. 기후 변화가 던지는 도전은 그보다 훨씬 엉켜 있고, 더 가늠이 어려우며, 더 더딘 흐름으로 진행된다. 영화는 기후 변화를 결정적인 해결책 한 방으로 해결할 수 있는 '간단한 문제'로 그린다. 기술로 만들어 내고 정치가들이 천문학을 신뢰하기만 했다면 성공적이었을 해결책이다. 감독이 말하고 싶었던 것은 대통령이 '과학자들의 말을 듣기만 했더라면'인 듯하다. 하지만 영화는 소행성 충돌을 기후 변화에 대한 비유로 제시함으로써 기후 변화의 원인이 분산되어 있고, 영향이 불균등하게 분포하며, 보편적인 해결책도 없는 아주 고약한 문제라는 점을 깨닫지 못한다. 환경문제연구소 '브레이크스루(Breakthrough)'의 부소장인 알렉스 트렘바스Alex Trembath는 이것이 〈돈 룩 업〉의 문제점이라고 지적한다.

소수의 부패한 정치인과 부호가 기후 변화에 관한 행동을 가로막는 주요 세력이라는 환상에 탐닉함으로써, 이런 서사(영화 속이든 현실에서든)는 대중이 이 문제에 관해 사고하는 방식을 왜곡한다. 저탄소 기술이 마치 화석연료 덕에 얻은 번영과 편안함을 손쉽게 그리고 금세 대체할 수 있는 척하며, 세계 경제를 탈탄소화하는 것과 인류의 현재 기술 사이에 역량의 간극이 존재한다는 사실을 무시해 버린다.[1]

기후주의라는 거대 서사

인류의 미래와 우리가 발 딛고 사는 지구의 미래에 관한 실존적 위협을 경고하는 우화는 역사가 깊은데, 〈돈 룩 업〉은 그 선상에 있다. 유대교 경전에서 노아의 홍수로 기록한 길가메시 고대 홍수 신화부터 레이철 카슨Rachel Carson의 《침묵의 봄》에 이르기까지 인간의 상상력은 결정적이고 종말론적인 결말을 알리는 서사에 매료되었다. 이 이야기들은 도덕적 타락, 이기적 탐욕, 기술에 대한 오만을 지적하는 우화이나. 기후주의자들 역시 빈번히 이런 종말론적인 번영과 권선징악적인 어조를 드러낸다. 오랜 우화들과 마찬가지로, 기후주의도 세계의 상태와 앞으로 나타날 미래의 상태를 설명하는 전체론적 거대 서사를 제시한다.

따라서 기후주의의 매력은 세계의 현재와 미래에 관한 포괄적이고, 일관적이며, 설득력 있는 설명을 제공한다는 점에 있는 듯하다. 단 한 가지도 빠트리지 않는다. 기후주의적 거대 서사는 어찌나 유연한지 아프가니스탄의 탈레반 집권이며 시리아의 민족 간 내전, 유럽의 곤충 개체 수 감소, 극적인 호주 산불, 젠더 기반 폭력의 증가, 순다르반스(인도 갠지스강 하류 지대로 해수면 상승에 취약하다─옮긴이)의 불안정성 등 기후 변화로 설명하지 못할 일이 없어 보인다. 이것이 기후주의가 ─ 마이클 프리든의 용어를 쓰자면 ─ 집합적 또는 두터운 이념이 되기 시작하는 지점이다. 기후주의는 현재 세계에서 우리가 가진 모든 관심사와 미래에 대한 온갖 우려를 포괄하고 수용하는 이념이 된다. 그리고 역설적으로 불안만큼이나 안도감도 유발한다. 기후주의가 '기후 붕괴'가 일어난, 속수무책으로 뒤바뀐 기후에 지배될 우리의 미래를 전망할 때 불안한 마음이 든다. 하지만 다른 한편으로 기후주의는 세계의 병폐를 전체론적 범위로 설명함으로써, 기후 변화를 막거나 되돌릴 수만 있다면 더 나은 세상을 맞이할 수 있다는 점을 시사한다. 더 나아지지 않는다고 해도 적어도 더 나빠지는 것을 막을 수는 있다. '대통령이 과학자의 말을 듣기만 한다면' 말이다.

이 장에서 나는 기후주의 이념이 가진 호소력과 폭넓은 포용력을 설명하는 데 도움이 되는 기후주의의 네 가지 주요 특징을 제시할 것이다. 전체론적 범위, 영지주의(그노시스주의)적 어조, 종말론적 수사 그리고 마니교적(이원론) 세계관이 그것들이다.

전체론적 범위

거대 서사는 역사적 경험이나 미래에 관한 지식, 또는 둘 다를 포괄적으로 설명한다. 이 분야 연구를 선도하는 두 학자의 표현을 빌리자면, 거대 서사는 '지식과 경험을 정리하고 설명하는 세계적이거나 전체적 성격을 띠는 문화적 서사 스키마(개념으로 지식을 표상하는 구조-옮긴이)'이다.[2] 거대 서사의 성공은 그것이 더 작고 더 단편적인 다양한 서사를 그보다 폭넓은 전체론적 서사 속에 모으고 조직화하는 일에 달려 있다. 우리가 경험하는 세상은 복잡하고 자주 종잡을 수가 없다. 게다가 스마트폰이 만들어 내는 세계의 과잉가시성hyper-visibility 속에 우리는 그 어느 때보다 당혹스러운 복잡함을 경험한다. 게다가 경험은 늘 즉각적이다. 이데올로기가 지닌 매력 중 하나는 이념이 없다면 혼란스럽고, 무작위적이고, 접점이 없어 보이는 사건들이 그 렌즈를 통해 관찰되는 순간 확실하게 해석된다는 점이다. 이는 기후 관련 사건뿐만 아니라 다른 어떤 것에도 적용되는 말이다. 이념들은 무작위로 일어난 것처럼 보이는 어떠한 현상들에 궁극적인 의미를 부여할 수 있음을 확신한다. 아니면 궁극적인 의미까지는 아니더라도 최소한 한 사람이 목적의식을 가지고 삶을 영위하기에 충분한 정도의 의미라고 해 두자.

기후주의 이념도 다르지 않다. 기후주의는 세계의 상태에 관한 전체적이고 이해하기 쉬운 서사에 기반을 두며, 정치적 행동을 위한 매력적이고 의미 있는 의제를 제공한다. 2022년 독일 포츠담에서 개최된 제8차 포츠담 여름학교의 광고문은 이런 메타 서사의 한 예를 보여 준다.

인류는 거대한 도전에 직면했습니다. 기후 변화는 지구 생명체의 기반을 위협합니다. 생명의 기반을 지키기 위해서는 화석 시대가 막을 내려야 합니다. 이것은 상품 생산 방식과 교통수단, 궁극적으로 우리가 살아가는 방식에 심오한 변화를 일으킬 것입니다. 우리는 위대한 변이의 시작에 서 있습니다. 이 변이는 많은 이점과 더불어 새로운 불평등도 초래할 수 있습니다. 환경을 보호하고 이를 통해 전 세계 사람들에게 미래의 삶을 보장하면서, 정의롭고 지속 가능한 방식으로 변화를 만들어 가는 것이

중요합니다.[5]

고작 한 단락으로도 기후주의가 가진 매력이 드러난다. 기후 변화는 현재 우리가 처한 곤경의 원인을 설명하고, 미래 정치 프로젝트들이 지향할 수 있고 지향해야 하는 바에 따라오는 거대한 도전을 요약한다. 이 서사는 확신에 차 있고, 교육적이며, 도덕적이다. 성공을 장담하지는 않지만, 적어도 성공이 어떤 것인지 알려 준다.

나오미 클라인Naomi Klein의 저서 《이것이 모든 것을 바꾼다》도 비슷한 예를 보여 준다. 클라인이 처음 기후 변화를 진지하게 받아들이게 된 순간을 설명하는 부분에서, 우리는 클라인이 그 깨달음이 지닌 전체론적 성격을 묘사하는 것을 볼 수 있다.

나는 처음으로 새로운 연대가 자리 잡고 활발한 논쟁이 불붙는 징후를 보았다. 이런 다양한 연결고리들이 더 널리 알려진다면 기후 위기의 긴급성을 토대로 강력한 대중 운동이 형성될 수 있음을 암시했다. 그 대중 운동을 통해서 겉보기에 무관한 것 같은 사안들을 묶어 불공정한 경제 시스템과 불안정한 기후 시스템이 초래하는 야만적 파괴로부터 인류를 보호하는, 하나의 흐름을 가진 이야기를 제시할 수 있을 터였다.[4]

신학자 리사 스텐마크Lisa Stenmark는 거대 서사에 '절대 존재 the Absolute의 신화'[5]라고 이름 붙이고 이것이 매력적인 이유를 설명한다. 복잡성과 불확실성, 또는 이해되지 않거나 통제할 수 없는 상황을 마주하면 인간은 본능적으로 우리 존재와 경험의 한계를 넘어서서 그 문제를 이해하게 해 줄 무언가를 찾으려고 한다. 많은 사람에게 이것은 영적이고, 영원하며, 초월적인 것들과의 만남으로 이어졌다. 또 다른 이들에게 이 종교적인 욕구는 우리가 역사의 우연한 사건이 아니라 의미 있고 목적을 가진 존재의 일부라고 말하는 강력한 신화와 서사들을 받아들이는 것으로 충족되었다.

기후주의 이념이 제공하는 것과 같은 거대 서사는 이 기준에 부합한다. 기후주의에 관한 거대 서사들은 사람들을 집단으로 모으는데, 그 집단을 통해 같은 정체성과 공적 견해, 정치 활동이 만들어지고 실행으로 이어진다. '350.org', '선라이즈 무브먼트', '멸송저항', '미래를 위한 금요일'과 같은 기후 관련 사회 운동이 최근에 급속도로 추종자를 확보한 이유가 바로 이것이다.

영지주의적 어조

기후주의를 매력적으로 만드는 두 번째 특징은 영지주의다. 이 말은 기후주의가 그것이 토대로 삼는 '특별한 지식(영지)'의 본질로부터 힘과 호소력을 획득한다는 뜻이다. 영지주의는 영적·종교적 전통에 뿌리를 둔, 고대로 거슬러 올라가는 사상이다. 영지주의에서 구원의 주요 요소는 신성한 존재에 대한 직접적인 지식인데, 그런 지식은 신비주의 혹은 난해한 통찰의 형태로 얻어진다. 따라서 영지주의를 풀어낸 글들은 베일을 벗은 신을 접하고 난 뒤에야 특권처럼 지식을 얻는다는 개념을 강조한다. 이러한 지식이 신자를 비신자와 다르게 만든다. 이를테면 미래가 신의 목적을 달성하는 방식으로 전개된다는 것을 권위적으로 주장하는 데 쓰일 수 있다.

모든 이념은 특별한 지식을 가지고 있다고 주장한다는 점에서 나는 모든 이념이 영지주의적이라고 본다. 마르크스주의, 아리아 인종 우월주의 같은 이념이나 일신론에서 나타나는 '절대 존재의 신화'는 세계의 진정한 본질과 그 전개에 관한 역사적, 직관적, 형이상학적인 깨달음에서 권위의 근거를 찾는다. 이러한 거대 서사는 그런 서사가 없다면 종잡을 수 없이 혼란스러운 현상들(역사적·사회적·문화적 그리고 심지어 정치적인)이 저마다의 '특별한 지식'을 통해 설명될 수 있다는 믿음을 공유한다. 지식의 원천을 마르크스주의는 역사주의에서, 아리아 인종 우월주의는 신비주의에서, 아브라함계 신앙들(아브라함과 관련된 기원을 가진 유일신 종교들로 유대교, 이슬람교, 기독교 등을 포함한다-옮긴이)은 신성한 계시에서 찾을 것이다.

2장에서 보았듯이 기후주의에서 '특별한 지식'은 과거와 미래에 관한 과학적·사회과학적 주장에서 나온다. 기후주의는 그 기반이 과학이라는 점에서 대다수의 다른 이념과 차별화되고 대부분의 현대 사회에서 특수한 권위와 지위를 인정받는다. 기후주의의 기반이 (특별한) 과학적 지식이라면, 대중이 과학 하면 으레 떠올리듯이 그것은 진실하고 신뢰할 수 있어야만 한다. 따라서 마르크스주의, 아리아 인종 우월주의, 유일신교와 다르게 기후주의는 협상의 대상이 아니다. 이것이 화석연료 산업의 이익을 옹호하는 정치 행위자들이 1990년대와 2000년대에 기후 과학과 기후 과학자들의 신뢰성을 훼손하는 데 집요하게 관심을 기울인 이유다.[6]

기후주의의 이런 특징은 기후주의의 매력을 설명하는 데 도움이 된다. 기후 변화 대응책에 대한 질문과 토론이 왜 그렇게 자주 '과학자들'에 관한 내용으로 흘러가는지도 설명된다. 그런 구호는 많다. "과학석으로 밝혀졌다.", "과학적으로 분명하다.", "과학자들이 그렇다고 하면 그런 것이다.", "과학을 따르라.", "믿어도 좋다. 나는 과학자니까." 과학자들은 인류와 지구 행성의 상태에 관한 진실된 통찰력인 '특별한 지식'을 가진 사람들이다. 이를테면 그레타 툰베리Greta Thunberg는 질문에 대답할 때 이것을 대응의 기본 입장으로 삼곤 한다. 2019년 4월 BBC 라디오와 나눈 인터뷰를 보라.

대담자 : 사람들이 어떻게 행동하기를 원하나요? 정부는 어떻게 해야 할까요?

툰베리 : 과학의 소리를 들으세요. 과학자들의 말을 들으세요⁽…⁾.

몇 달 후인 2019년 9월, 미 하원 연설에서도 툰베리는 비슷하게 과학의 권위를 좇았다. 툰베리는 이렇게 말했다. "제 진술을 대신해 이 보고서를 제출합니다. 저는 여러분이 제 말을 듣지 않고 과학자들에게 귀 기울이기를 바라기 때문입니다. 저는 여러분이 과학의 지붕 아래 단결하기를 원합니다. 그런 다음에 진짜 행동에 나서 주시기를 바랍니다."[7]

기후주의의 이런 특징은 과학적 진술이 윤리적, 또는 정치적 사고와 논쟁을 대체할 때(적어도 한 마디로 일축하는) 발생하는 과학화의 한 예이다. "온도 상승을 2도 이내로 제한하는 목표가 왜 필요합니까? 과학자들이 그렇게 말하기 때문입니다.", "다가오는 10년 동안 탄소중립을 달성하는 일이 왜 필요한가요? IPCC에 따르면 그렇습니다." 본질적으로 저런 질문은 다른 목표와 행동 방식 및 행동의 우선순위 사이에서 가치를 따져 판단하는 일인데, 저렇게 들으니 과학적 탐구와 과학적 진실에서 파생된 사실에 대한 노골적인 발언과 다를 바 없다. 각개 전투가 난무하는 정치 활동에서 이것은 매력적인 담화 전술이다.

종말론적 수사

여기까지 정리하자면 기후주의가 매력적인 이유는 첫째로 그것이 인류의 곤경을 설명하는 전체론적 서사를 제시하고, 둘째로 과거와 현재, 미래에 관한 과학적인(그러므로 권위가 있는) 주장에 근거한다고 말하기 때문이다. 기후주의가 매력적인 세 번째 이유는 그것이 빈번하게 채택하는 종말론적 수사 때문이다. 환경의 위험과 변화, 영향에 대한 종말론적 표현은 지난 한 세기에 걸쳐 환경주의가 가장 흔하게 사용한 비유였다. 이를테면 미국 문학비평가 로런스 뷰얼Lawrence Buell은 '종말론'을 '동시대인들이 환경에 관해 생각할 수 있는 가장 강력한 단 하나의 은유'라고 표현했다.[8]

기후 변화에 대한 종말론적 표현은 강력하다. 동시에 매력적이기도 하다. 유럽에는 자연의 숭고함이라는 개념에 관해 낭만적으로 사고하는 오랜 전통이 있다. 저항할 수 없는 자연의 힘에 부딪혔을 때 느끼는 경외감, 공포심, 위험에 대한 감각이 인간의 상상력을 속수무책으로 끌어당긴다. 자연의 힘은 위험하지만 우리를 사로잡고 황홀경에 빠트리곤 한다. 인간은 무력감, 파괴, 죽음의 전율에 매료된다. 종말론적 담론이 지닌 매력은 미국 토네이도 추적자들의 말에서 엿볼 수 있다. 대형 토네이도를 추적하던 안톤 시몬Anton Seimon은 "폭풍이 휘몰아치는 하늘은 천둥 같은 오르간 음악이 울려 퍼지는 합창곡과 같습니다"라고 말했다. 또 어떤 이들은 앞으로 예상되는 기후 변화 사태에 관한 충격적인 묘사('메탄 불덩이', 초대형 허리케인 '하이퍼케인', '기후 붕괴' 등)가 포르노그래피의 유혹에 버금간다고 언급하기도 했다.[9] 이는 사람들에게 간접 체험은 물론이거니와 순식간에 폭발하는 위험한 흥분을 약속하기 때문이다.

기후주의가 표현하는 종말은 시각과 언어의 형태로 전달된다. 허리케인, 산불, 홍수, 가뭄, 얼음 폭풍ice-storm과 같은 기후 재난 요소들은 극적이고 강력한 시각적 서사를 보여 주는데, 이것은 기후 변화와 자연스레 연결된다. 시각이 점점 더 소통 문화를 지배하는 가운데, 대리 재난에 관한 이런 극단적 표현들은 그 자체로 기후 작용에 대한 즉각적이고 직관적인 판단과 연결된다. 그것들은 기후주의를 뒷받침하는 거대한 밈meme이 되어 온라인을 누빈다. 그렇게 개인의 힘으로는 해체가 불가능한, '기후 변화의 얼굴'이 된다. 그리고 2장에서 살펴보았듯이, 그 배경에서 특정 기상이변과 재난 또는 두 가지 모두에 대해 다른 원인을 찾는, 필요에 의한 감식 작업이 진행된다. 이는 뉴스의 주기가 매우 느리고 대중의 관심이 훨씬 적은 상태에서 일어난다.

이러한 시각적인 수사는 기후주의와 관련해 더 끔찍한 언어적 수사학의 사례들을 만들어 낸다. 베테랑 환경 운동가 메이어 힐먼Mayer Hillman이 2008년에 인터뷰한 내용을 보자.

"우리는 망했습니다." 메이어 힐먼의 환하게 웃는 얼굴 때문에 무슨 말인지 이해하기까지 시간이 걸렸다. "결과는 죽음입니다. 그리고 우리는 화석연료를 태우는 방식에 너무나 의존하고 있어서 지구상의 거의 모든 생명체가 멸종할 겁니다. 극지방의 만년설이 녹아내리는 과정을 되돌릴 방법이 전혀 없습니다. 그리고 극소수의 사람만 이 사실을 입 밖으로 꺼내고 있는 것 같네요."[10]

힐먼의 입장은 극단적이고 절망적이다. 극단적 입장은 대중의 관심을 확보하고, 집단 정체성을 형성하며, 정치 활동을 촉진하기 위해 사회적 관심을 동원하는 데 효과적일 수 있다. 하지만 이렇게 극단적으로 종말론적인 수사를 기후 변화와 연관해 사용하는 것에는 중대한 단점들이 있다.

힐먼이 말하는 멸망론이 어떤 효과를 발휘하는지 다음 사례를 보자. 캘리포니아에 거주했던 당시 27세 틱톡TikTok 사용자 찰스 맥브라이드Charles McBryde는 2021년 10월에 한 영상을 게시해 자신이 '기후 멸망론자'라고 밝혔다. 기후주의에 관한 암울한 종말론적 수사에 영향을 받은 기후 멸망론자들은 기후 변화를 늦추거나 멈추기 위해 할 수 있는 일이 아무것도 없다고 믿는다. 맥브라이드는 "지구 온난화에 압도당한 느낌, 걱정스럽고 우울하다"고 털어놓으며, 팔로워 15만 명에게 이런 감정의 중독에서 벗어나게 도와달라고 요청하기도 했다. "싸워 볼 만한 가치가 있는 게 있다고, 결국 우리가 승리할 수도 있다고 저를 좀 설득해 주세요. 비록 잠시뿐일지라도요."[11]

기후 변화를 둘러싼 종말론적 수사는 그것이 지닌 매력만큼이나 다른 여지를 배제하는 효과를 낼 수 있다. 종말론적 수사는 어감의 차이나 협상의 여지를 남기지 않는 서술적 구속을 생성할 수 있다. 게다가 거기에는 숙고와 논쟁이 들어설 담론의 장도 없다. 사실 그런 공간은 경쟁적인 이해관계와 목표들을 융화하는 어려운 정치적 작업을 수행하는 데 꼭 필요한 것이다.

종말론적 수사는 도덕적 이원론과 연관되기도 한다. 그것은 세계를 친구와 적으로 나누며 내부와 외부 그룹 사이의 경계를 강화한다. 이는 기후주의 이념이 지닌 네 번째 매력과 연결된다. 바로 도덕적 선 긋기를 약속한다는 점이다.[12]

마니교적 설계

마니교Manicheanism 교리는 3세기 이란에서 종교 경전을 집필한 인물인 마니로부터 나왔다. 마니교 교리에서는 선과 악이라는 두 궁극적 힘이 존재하며 서로 경쟁하는 우주론을 주장한다. 마니교 세계관은 강력한 신들이 세계 속에서 대립하며 끊임없이 투쟁한다는 신념을 표명하고 선과 악에 관한 이원론적 이해와 연결된다. 특정 신념을 통해 인간 세상 속에서 표현되고 적용될 때 이 도덕적 이원론은 인간의 직관에 특히 매력적으로 다가간다. 우위를 차지하기 위해 즉 우리와 그들, 양과 염소, 천사와 악마처럼 양편으로 나뉘어 경쟁한다는 식이다. 마니교 세계관은 도덕적 대중주의의 한 형태를 제시한다. 이 뼈대는 도덕적 선 긋기에 적용하기가 쉽고, 그렇게 하면 마음도 편하다.

사람들이 기후주의에 끌리는 또 다른 이유는 마니교적 세계관에 잘 어울리기 때문이다. 기후주의에는 명백한 두 주인공이 등장하는데, 양측은 기후 변화의 현실과 의미와 해결책을 둘러싸고 서로 투쟁한다. 기후 변화 정치가 '기후 행동'에 찬성하는 편과 그렇지 않은 편으로 나뉘는 흑백 논리로 대립하면 기후주의는 더욱 활기를 얻는다. 기후주의자들의 적은 극악무도한 화석연료 산업 관계자, 우익 보수주의자, 제 잇속만 차리는 대중영합주의자들이다.

기후주의가 제시하는 도덕적 이원론은 친구와 적을 구별하고, 기후 비둘기파와 기후 매파 사이에 선을 긋는 간편한 지침을 제공한다는 점에서 매력적이다. 이 과제는 지난 15년 동안 트위터가 부상한 덕을 톡톡히 보았다. 〈가디언〉의 칼럼니스트 라파엘 베어Rafael Behr는 트위터가 정치 전반에 대해 끼치는 유독성을 지적했다. 트위터의 양극화 효과와 마니교식 이원론의 증폭에 관한 베어의 설명은 기후 변화에도 똑같이 적용된다.

트위터는 거대한 양극화 기계이다. 그 속에 정치를 넣기만 하면 어떤 입장이든 가장 극단적으로 상호 작용하며 분리되는 원심분리기이다. 이상적인 정치의 개념이 경쟁하는 당파가 존재해, 몇몇 사실 집합을 공유하는 기반 위에 그들이 서로 다른 정책 처방을 내세우며 경쟁하는 것을 장려하는 것이라면, 트위터는 사람들을 유사 광신도 집단으로 만들어 세상을 정의로운 신자 아니면 야비한 신성모독자라는 관점으로 바라보게 만든다. (…) 트위터는 한때 정치인들이 더 인간미 있게 발언하는 수단으로 보였다. 이제 트위터는 어떤 말이든 악의적으로 왜곡해서 해석하기 일쑤고, 부정확한 말은 응징의 대상이 되며, 대화보다는 비난을 조장함으로써 평범한 사용자를 최악의 정치인처럼 희화화하는 장치가 되었다.[13]

이것이 기후주의 안에서 진행되는 좋은 예는 미국 기후 과학자 마이클 만Michael Mann의 여러 대중서에서 찾을 수 있다. 가장 최근에 출간한 《새로운 기후 전쟁: 지구를 되찾기 위한 투쟁(The New Climate War: The Fight to Take Back Our Planet)》에서 만은 기후 변화 정치를 마니교적 관점으로 분석했다.[14] 기후 변화에 어떤 조치가 필요한지 '올바르게' 판단하는 관점에 반대하는 모든 입장의 뿌리를 거슬러 올라가면, 화석연료 산업과 손잡은 사악한 제국과 관련이 있다. 만의 표현에 따르면 이 산업은 '사우론의 눈', 즉 톨킨의 소설 《반지의 제왕》에 등장하는 전능한 암흑의 힘을 나타낸다. 양극화한 세계를 지탱하기 위해 기후주의가 필요하므로 만과 같은 사람들은 점점 더 광범위한 감시 활동에 나서게 된다. '기후 부정자'라는 밋밋한 이름은 더 이상 만의 마니교적 세계관을 온전하게 유지하기에 충분치 않다. 따라서 만은 《새로운 기후 전쟁》에서 기후 무위주의라는 전투 깃발 아래 모여드는 신흥 적들을 8개 그룹으로 분류하고 돌림자로 이름을 붙였다. 해체론자, 기만론자, 경시론자, 분열론자, 편향론자, 멸망론자, 지연론자, 회피론자가 그들이다. 만이 보기에는 이 적들은 점점 성장했고, 변이했으며, '기후 활동' 속으로 침투하는 데 성공했다. 기후주의 이념은 내부에서 균열하기 시작했다.

화석연료에서 탈피하는 변화에 속도를 내야 할 필요가 있다는 점은 의심의 여지가 없다. 그리고 기득권층의 정치적 이익이 이 변화를 훼방한 것도 사실이다.[15] 하지만 만은 마니교적 세계관에 너무나 흠뻑 빠진 나머지, 기후 변화에 관한 그 어떤 대중적·과학적·정치적 논쟁을 보더라도 화석연료 로비의 그림자를 찾곤 한다. 만과 의견이 다른 사람들(마이클 무어Michael Moore, 빌 게이츠Bill Gates, 나오미 클라인Naomi Klein도 이제 이 대열에 합류했다)은 맞서야 할 적, 무위주의라는 암흑 세력의 대리인이나 반대파, 또는 '온건한 부정주의자', 편향과 변명과 패배주의에 젖은 자들이 된다. 만은 기후주의를 옹호하는 극단적인 목소리일 수 있지만, 그가 소유한 트위터 계정의 팔로워는 22만여 명이다. 만의 전술은 1950년 대의 매카시즘McCarthyism이나 1930년대 스페인 내전 당시 소련 내무부가 추진한 코민테른(공산주의 인터내셔널)의 이념적 정화를 연상시킨다.

기후 변화는 어떤 이야기인가?

혹자는 내가 매력적인 거대 서사를 제시하는 기후주의의 특징 때문에 그것 이 틀렸음을 주장한다고 여길지도 모르겠다. 사실, 어떤 의미에서 나는 정반 대로 주장하고 있다. 거대 서사는 인간의 필요와 본능, 욕망에 호소할 수 있 는 능력 덕분에 신뢰성을 얻는다. 그렇게 이해하자면 기후주의가 제시하는 거대 서사는 강력한 신뢰성을 가지고 있고, 이것이 그 서사를 어떤 의미에서 는 '진정한' 것으로 만든다. 수 세기 전에 플라톤은《국가》에서 이야기가 지 닌 실천적인 힘을 인식했고, 그런 이유로 이야기를 통제하려는 소크라테스 의 열망을 청중에게 전달하기도 했다. 그러니 맞다. 나는 기후주의가 가진 매력으로 그것이 명료하고, 설득력 있으며, 행동에 지침이 되는 이야기를 제 시한다는 점을 이해하고 받아들인다.

하지만 이 점에 관해 내가 느끼는 반응은 두 가지이다. 첫째로 이야기들은— 설득력이 있는 것들도—우리를 위험하고 건강하지 않은 방향으로 이끌 수 있다. 이야기에는 힘이 있다.[16] 이야기는 때때로 사람들의 행동을 방해하거 나, 도덕적·인지적 사고를 왜곡하기도 하며, 바람직하지 않은 감정 상태를 조성하기도 한다(틱톡 사용자 맥브라이드가 그런 예다). 최소한 우리는 우리 삶을 지탱하는 이야기들과 그 이야기들을 누가 통제하고 있는지 신중하게 성찰할 필요가 있다(이런 위험을 지적하는 것이 5장의 과제이다). 두 번째 요지는 이와 관련된 것이다. 그렇게 촘촘히 성찰한 결과로 아마 우리는 기후 변화 문제가 가진 사악한 본질을 더 잘 전달하는 다른 이야기들을 알아보게 될지도 모른다. 그 이야기들은 더 포괄적이고 열린 결말을 가진 것들이다(6장에서 몇 가지 조언을 제시하려고 한다).

궁극적으로 나의 요지는 거의 인위적으로 유발되는 기후 변화의 현실 때문에 생기는 복잡성, 역설, 딜레마를 모두 온전히 설명할 수 있는 단일한 이야기란 존재하지 않는다는 것이다. 기후 변화의 의미는 사람마다 다르고 결과도 제각각이다. 많은 사람에게 기후 변화의 의미는 일생을 거치면서 변화하며, 어떤 삶을 사느냐에 따라 달라진다. 이 때문에 일부 학자는 기후 변화의 의미에 '가소성plasticity'이 있음을 지적하는데, 가소성이야말로 고정된 이념의 정반대 편을 가리키는 것이다.

요약

전체론적 이데올로기를 향한 야망이라는 면에서, 기후주의는 마르크스주의나 자유주의, 자본주의와 같은 다른 강력한 이념과 뚜렷한 유사점이 있다. 상황의 진짜 상태를 밝히고 해석하는 것을 추구하며, 현재와 미래에 정치적 행동이 지향할 방향을 제시하고자 한다. 그와 동시에 추종자들에게 완전한 충성을 요구한다. 여기서 내가 강조한 기후주의가 지닌 매력의 특징은 정도의 차이가 있지만 다른 이념들에서도 나타난다. 하지만 그런 특징들이 기후주의 안에서 조합되는 양상은 기후주의 이념의 독보적이고 광범위한 호소력을 설명하는 데 도움이 된다.

기후주의는 이렇다. 복잡한 세계에 명료함과 단순함을 부여하는 거대 서사를 제시한다. 과학과 사회과학에서 생산되는 '특별한 지식'에 기반을 둔다. 시각적·언어적 수사를 수단으로 삼아 종말론적 태도를 취하는 일이 잦다. 마니교적 렌즈를 통해 세상을 봄으로써 직관적으로 끌리는 도덕적 선 긋기에 틀을 제공한다. 어조가 과한 느낌도 있지만, 미국 환경 운동가 마이클 셸런버거Michael Shellenberger는 내가 이 장에서 설명한 기후주의의 미력을 이렇게 표현했다.

'기후 위기론'이 강력한 이유는 다음과 같다. 그것은 세속적인 사람들을 위한 대안 종교로 떠올랐다. 고전적인 종교가 가진 심리적 혜택의 많은 부분을 똑같이 제공한다. 기후 변화로부터 세상을 구한다는 목적과 공포를 조장하는 위기론을 퍼뜨리는 사람들을 영웅으로 만드는 이야기들을 제시한다. 그리고 자신들이 미신과 판타지가 아닌, 과학과 합리성을 갖춘 사람들이라는 환상을 유지하면서 인생의 의미를 찾는 한 방법을 알려 준다.[17]

확실하게 해 두어야 할 것이 있다. 기후주의 이면의 추진력은 1990년대와 2000년대에 조직적인 기후 변화 부정론climate change denialism을 촉발했던 움직임과는 사뭇 다르다. 기후 변화 부정론은 거대 화석연료 산업 관계자들이 채택한 방어 전략이었고, 기후 변화 부정론자들은 사람들이 기후 변화를 걱정할 때 근거로 삼는 과학의 신뢰성을 떨어뜨림으로써 자신들의 이익을 방어하려고 했다.[18] 이 장에서 보았듯이 기후주의의 매력은 이것과 다르고 더 다양하다. 기존의 정치적 권력을 지키려고 일부 집단이 조직하는 수준보다 기후주의 정치학은 확산 범위가 훨씬 더 넓다. 이것을 가능하게 한 기후주의의 한 측면은 대중에게 호소하는 심리적·문화적 힘이다. 혹자는 기후주의가 전체를 아우르며 단순화된 거대 서사라는 점에서 그것이 특수하게 대중 영합주의적인 호소력을 가진다고 말할지도 모르겠다. 다른 한편으로 기후주의에는 구체적인 수혜자들이 있다. 여기에는 지역부터 전 국가 단위까지 아우르는 정치 당국이 있는데, 그들은 '일이 잘못되어 간다'는 기후 변화에 입각한 설명을 이용해 자신들의 태만이나 잘못된 행정 관리에서 오는 결함을 덮으려고 한다. 기후 변화라고 적힌 방문자 출입증을 목에 걸면 자신들의 대의에 사용할 수 있는 특정한 재정적·정치적 자원에 대한 접근권이 생긴다는 것을 깨달은 시민 활동가들도 여기에 포함된다. 마찬가지로 기후주의 이념을 통해 공적 지위와 영향력을 유지하는 일부 과학 전문가들도 있다. 이들에 관해서는 3장에서 살펴보았다.

이제 기후주의 이념이 가진 위험성을 좀 더 직접적으로 검토하려고 한다. 앞서 분명히 언급했듯이, 이념은 태생적으로 틀리거나 반드시 유해하지 않다. 결국 이념은 우리가 세계를 해석하는 구조화 작업에 필수적 요소이고, 정치적 행위에 지침을 제공한다. 만약 기후주의 이념에 아무런 위험이 없다면, 이제껏 내가 주장한 것들은 흥미로울지언정 딱히 중요하지 않다. 하지만 다음 장에서 나는 이런 식의 사고방식이 정말로 위험하다는 점을 독자에게 납득시키려고 한다. 현재와 미래에 관한 정치를 기후변화를 막는다는 한 가지 목적으로 축소시키는 것은 나쁜 생각일 수 있다.

눈을 가리는 기후주의의 위험

제5장

좁아지는 정치적 시야, 그리고 비뚤어진 결과들

인도네시아 수마트라섬은 지난 35년 동안 열대 우림의 거의 절반을 잃었다. 최근 들어 기름야자 농장(플랜테이션)이 확대된 것이 한 요인으로 꼽힌다. 저널리스트 톰 넛슨Tom Knudson은 수마트라섬 동남쪽 습지대에 거주하는 원주민인 쿠부족 밀림 거주자들에게 이런 농장이 끼친 영향에 관해 언급했다.

　신규 플랜테이션을 확대하는 일을 내일 당장 멈춘다 해도, 한때 자신들의 풍부한 식자재 저장고였던 열대 우림이 싹 밀려 기름야자 농장으로 변해 버린 쿠부족 사람들에게 이미 때는 늦었을 것이다. 쿠부족 여성 안나는 이렇게 말했다. "밭을 잃었어요. 가족을 부양하려면 고무, 바나나, 칠리나 다른 것들을 키워야 하는데 그럴 수가 없어요." 안나의 말에 따르면 최근에 플랜테이션 노동자들이 기름야자를 심기 위해 심지어 쿠부족 가옥까지 불도저로 밀었다고 한다. 안나는 덧붙였다. "우리는 막으려고 했어요. 소리를 지르기 시작했죠. 하지만 그 남자는 우리에게 입 다물지 않으면 경찰서로 끌고 가겠다고 협박했어요."[1]

　쿠부족 같은 사람들에게 원주민의 토지 소유권이 법적으로 인정되지 않는다는 점이 문제다. 기름야자 농장은 법에 호소할 능력이 없는 지역 인구를 싹 쓸어 낸다. 그들은 독립적인 생계 수단을 잃고 팜유 기업의 '노예 노동자'가 된다.

금세기에 수마트라섬과 같은 곳에서 기름야자 농장이 크게 성장한 주요 원인 중에는 서구 국가들이 새로 도입한 기후 정책들이 있다. 그중에서도 2003년에 신규 도입한 유럽연합의 '운송 수단에 관한 바이오연료 및 재생 가능 연료의 사용과 촉진과 관련한 지침'에 주목할 필요가 있다. 바이오연료 사용은 원래 자율적이었고 구속력이 없었지만, 유럽 기후 운동가들과 비정부기구들이 압박한 끝에 2010년에 뒤따라 통과된 재생에너지지침(RED)에서는 의무 사항으로 바뀌었다. 이 법안은 2020년까지 각 유럽연합 회원국이 사용하는 도로 연료의 10%가 바이오연료를 포함한 재생 가능 자원에서 나온 것이어야 한다고 규정했다.

뜻은 좋지만 매우 협소하게 초점을 맞춘 이 기후 정책이 발표되자, 값싼 식물성 바이오 디젤 수요가 치솟았다. 바이오 디젤의 공급원으로는 팜유와 콩기름이 적당했고, 주로 동남아시아와 남미에서 생산된 것이었다. 이 정책 때문에 2010년 이래로 네덜란드 면적의 밀림이 사라진 것으로 추정된다. 안나와 같은 사람들은 땅과 생계 수단을 빼앗겼고, 희귀 생물종 서식지는 파괴되었다. 그리고 화석연료 디젤을 바이오 디젤로 대체해서 감축한 이산화탄소 배출량은 열대 우림이 사라져서 초래된 배출량 증가분으로 상쇄되었을 가능성이 높다. 유럽 환경주의 압력 단체 운송환경연합(T&E)의 에너지 국장 로라 뷔페Laura Buffet는 이렇게 설명한다.

> '친환경' 연료법이 시행된 지 10년이 지났다. 우리가 얻은 결과는 무엇인가? 벌목은 만연하고, 생물들의 서식지는 파괴되었으며, 오염원인 디젤유를 계속 사용했을 때보다 오히려 탄소 배출량은 더 늘었을 것이다. 지구를 구하는 줄 알았던 정책이 사실은 지구를 황폐화하고 있다. 우리는 이 실패한 정책을 앞으로 10년 더 지속할 여력이 없다. 재생 가능 운송 시장을 바이오연료가 독점하는 상황을 끊고 대신에 전기를 재생에너지지침(RED)의 핵심에 두어야 한다.[2]

이 일이 있고 나서 유럽연합이 실제로 2021년까지 바이오연료로 팜유를 사용하는 것을 금지하는 법안을 도입했고, 2030년까지 식물성 바이오연료 사용을 중단하는 데 합의하기는 했지만 이미 발생한 피해는 사라지지 않는다. 유엔의 식량권 특별보고관 장 지글러Jean Ziegler는 바이오연료 사용 증가가 '인류에 반하는 범죄'라고 비난했는데, 바이오연료가 식량 경작지를 연료가 될 작물을 생산하는 땅으로 바꾸기 때문이다.[3]

바이오연료는 그것의 바람직성을 평가할 때 기후에 관한 잠재적 이익을 넘어서는 다른 사안들도 고려해야 한다는 문제를 제기한다. 여기에는 생산 비용과 화석연료 대비 경쟁력, 식량, 생물다양성, 에너지 및 물 안보, 인간 건강에 대한 영향, 일자리 공급과 안정성, 농촌 지역 사회의 지속 가능성 등이 포함된다. 바이오연료의 지속 가능성에 관한 포괄적인 검토 작업이 최근에 진행되었는데, 결론은 환경 영향 추정치가 학문 분야에 따라 큰 차이를 보인다는 것이었다. 이 불확실성은 거대하다. 검토 보고서 작성자들은 이렇게 끝맺었다. "바이오연료들은 독립적으로 존재하지 않는다. 에너지, 농업, 임업을 포함하는 훨씬 더 넓은 시스템의 일부이다. 바이오연료가 상호 작용하는 다른 생산 시스템과 마찬가지로 바이오연료는 토지, 물, 식량과 같은 다양한 생태계 서비스ecosystem service(자연이 주는 혜택 -옮긴이)에 영향을 끼친다." 바이오연료를 평가할 때 지속 가능성의 다른 측면에 미치는 바이오연료의 영향을 광범위하게 고려하지 않은 채 기후 관련 이익에만 초점을 맞춘다면 바이오연료를 의무화하는 정책은 비뚤어진 결과, 즉 그릇된 정보를 전달하는 결과로 이어질 것이다.[4]

기후주의에 내포된 위험들

내가 유럽연합 바이오연료 정책 사례를 언급한 이유는 기후주의가 가진 한 내재적 위험을 표현하기 위해서였다. 애초에 왜 기후 변화가 관심 사안이 되었는지를 폭넓은 맥락에서 보지 않고 오로지 단일 목적을 추구하는 비타협적인 결단을 말한다. 이것은 인류학자 제임스 스콧James C. Scott이 자신의 고전적 저서 《국가처럼 보기》에서 언급한 '시야의 협소화'이다.[5] 현실을 편협하고, 선택적이며, 외눈박이로 바라보는 관점에는 많은 이점이 있고, 그중에서도 복잡하게 뒤엉킨 세상을 해석하고 관리할 수 있는 것처럼 보이게 한다는 점은 꽤 많은 비중을 차지한다. 각국 정부에는 특히 매력적이다. 환원주의와 계량화를 거치면, 마치 세상이 합리적으로 설계한 정책으로 조정하고 통제할 수 있는 대상처럼 보인다.[6] 2장에서 본대로 GDP가 경제 정책에, 병상 수급률이 코로나19 정책에, 지구 온도와 탄소중립이 기후 정책에 한 일이 그런 것이다.

이것이 앞 장에서 검토한 기후주의의 한 매력이다. 기후 변화 억제가 유일한 중요 과제라거나 최우선 순위 과제라면 유럽연합의 바이오연료 지침은 말이 된다. 브뤼셀이나 워싱턴 같은 권력 핵심지의 정책 전문가들과 기후주의 이념에 동의하고 크게 경도된 사람들에게는 화석연료를 대체하기 위해 바이오연료 생산 확대를 의무화하는 일이 기후 변화에 대응하는 필수적이고 실행 가능한 '해결책'일 수 있다. 하지만 기후 변화는 전부가 아니다. 유럽연합의 바이오연료 정책이 특히 전 세계의 일부 극빈층 지역 사회와 그들의 식량 안보 및 생계유지에 초래한 사회적 결과는 대단히 충격적이다. 지금부터 50년 후에 생길 기후 변화의 영향을 줄이기 위해 설계한 정책들이 오늘날 삶을 꾸리는 사람들의 생계와 생물 서식지를 파괴했다. 심지어 기후 측면에서 바이오연료가 장기적으로 유리한지도 확실치 않다. 유채씨, 옥수수, 사탕수수, 야자열매 기름에서 추출하는 바이오연료의 온실가스 배출 순효과는 미미한 정도거나, 최악의 경우 오히려 부정적이라는 많은 연구 결과가 있다.[7]

우리가 이미 본대로 기후주의는 '기후 변화 중단'을 전투의 핵심 기치로 내걸고, 이 단일한 목표를 촉진하는 정치 활동으로 이어진다. 이런 '협소한 시야', 즉 세상을 외눈박이로 보는 시각은 유럽연합의 바이오연료 지침이 낳은 저런 상황이나, 비용이 얼마나 들든 바이오연료를 조달하겠다고 뛰어드는 것 같은 비뚤어진 결과를 초래할 수 있다. 하지만 그릇된 결과를 유발하는 것이 기후주의에 대해 경각심을 가져야 하는 유일한 이유는 아니다. 지금부터 네 가지 다른 위험에 관해 살펴볼 텐데, 각각 단일 인과적 설명, 부족 담론 배양, 사안의 비非정치화, 반민주적 충농이다.

단일 인과적 설명

기후주의 이념은 언제라도 환경 결정론으로 변질될 위험이 있고, 최근 들어서는 기후 환원주의 현상을 수용할 위험도 있다. 앞서 2장에서 '변화 5'를 통해 이런 경향을 밝혔고, 거기에서 기후가(그리고 기후 변화가) 사회와 생태계에 미치는 영향은 기후만으로 결정되지 않는다는 것을 지적한 바 있다. 심지어 기후가 중점적인 요인조차 되지 못하는 경우도 많다. 과거와 미래 사건에 대해 원인을 한 가지로 보는 기후 설명은 기후가 사회에 끼치는 영향을 조건으로 하는 다른 많은 요소를 과소평가한다. 동시에 그런 설명은 기후 사건에 적응하는 인간의 반응도 과소평가한다. 우리는 수동적인 방관자가 아니다. 변화하는 기후의 효과는 언제나 생물학적·사회적·문화적·기술적·정치적·역사적 요소들이 뒤얽힌 그물망을 거쳐서 나타난다. 허리케인이 치명적일지 아닐지, 섭씨 35도에 달하는 폭염이 살인적일지 아닐지, 해일이 참사를 부를지 아닐지는 모두 이런 요소들이 이루는 맥락에 따라 달라진다. 물론 미래 기후의 방향을 예측하는 능력은 중요하고 값지다. 하지만 기후 요인과 비기후 요인 사이에서 변화를 거듭하는 많은 상호 작용을 이해하는 것도 똑같이 중요하다. 그 상호 작용이 기후가 현재와 미래에 어떻게, 그리고 왜 그런 방식으로 영향을 끼칠지 상황을 결정한다.

자, 기후주의의 방향 설정에 문제가 있을 수도 있다. 수많은 재난 사건에 기후라는 한 가지 원인을 찾아 설명을 제시하는 것은 확실히 잘못된 일일지도 모른다. 하지만 그런 설명이 위험하기까지 한 이유는 무엇인가?

이 책 서두에서 언급한 시리아 내전으로 돌아가 보자. 시리아 내전은 인간이 유발한 가뭄의 영향보다는 아사드 대통령의 경제 및 사회 정책 때문에 악화한 민족적 긴장과 정치적 불만의 오랜 역사에 훨씬 더 깊이 뿌리내려 있다. 정치학자 얀 셀비Jan Selby가 지적한 대로 기후 변화 때문에 전쟁이 일어났다는 서사는 시리아 정권 내부에서 시작된 측면이 있는데, 정권이 정치적 위기를 초래했다는 책임론에서 관심을 분산하려는 자구책이었다 셀비는 일련의 이해관계(말하자면 아사드 정권의 이해관계)가 서방 논평가들과 정책 입안자들이 내전 발생 원인을 기후에서 찾도록 설득하는 데 얼마나 중추적인 역할을 했는지 보여 주었다.[8]

아사드 정부 초기에는 시리아 북동부에 닥친 농경 위기의 심각성을 인정하지 않았지만, 위기의 책임을 '우리의 힘을 넘어서는' 가뭄에 돌리는 것이 정치적으로 유리하다는 사실을 곧 깨달았다. 시리아 농업부 장관은 가뭄이 "단일 국가인 시리아가 감당하기에 역부족"이라고 주장했다. 압둘라 다르다리Abdullah al-Dardari 시리아 부총리는 "가뭄만 없었다면 시리아는 실업, 빈곤, 성장 관련 목표치를 거뜬히 달성"했을 것으로 선언했다. 셀비는 벨기에에 본부를 둔 국제단체인 국제위기그룹International Crisis Group의 말을 빌려 아사드 정권이 외교관들을 정기적으로 시리아 북동부로 데려가서 "이건 전부 지구 온난화 때문"이라고 말했다고 꼬집었다. 본질적으로 정부가 초래한 사회생태학적 위기가 아사드 정권의 관할권과 동떨어진 외부에서 일어나는 기후 과정 탓으로 바뀐 것이다.

기후주의 이념에 빠져든 사람들에게 이런 주장은 귓등으로도 들리지 않았다. 세계적인 온실가스 배출에서 시작해 시리아 내전의 참상으로 이어지는 인과관계의 사슬은 기후주의에 영향을 받은 관점을 가진 평론가들이 찾아 헤매던 바로 그런 류의 소재였다. 온갖 병폐의 원인을 기후 탓으로 돌리는 일은 매력적인 정치 전략인데, 수 세기에 걸쳐 제국주의 열강, 식민지 정부, 권위주의적 국가들이 사용해 왔다. 그런 얘기를 믿는 사람들에게는 생태학적 재난이나 정치적 실패가 얼마나 자주 일어나든지 간에, 기후가 원인이라는 단일 인과적 설명을 되풀이해서 제시할 수 있다. 지속 불가능한 형태의 농업 확장, 댐 건설이나 땅콩 농상과 같은 허영기 다분한 거대 프로젝트의 실패, 억압 계층이나 소수 집단에 희박한 자원을 재분배하는 것에 대한 반박에 이르기까지 종류가 다양하다.[9] 이런 환원주의적 설명은 위험하다. 그런 설명을 믿으면 폭력, 고의, 태만에 의한 정치적 실책을 용서하는 효과를 낳을 수 있다. 그들은 소위 '기후' 정책이라는 라벨이 붙은 정책을 정당화하는 것이 가능한데, 그런 정책들은 다중적인 사회적·경제적·기술적 요인들과 대립하는 정치적 이해관계 사이의 상호 작용을 인식하지 못하면 효과가 없는 정도에 그치거나 최악의 경우엔 퇴보적이다. 기후 변화는 전부가 아니다. 기후 변화가 전부라고 믿으면 기후와 그런 기후 속에 존재하는 사회 사이의 복잡하고 불확실한 관계를 잘못 이해하는 결과로 이어진다.

부족 담론

기후주의의 두 번째 위험은 결핍의 정치에 무게를 실어 준다는 점이다. 기후주의는 문제에 대한 최종 기한을 너무 쉽게 채택하는데, 그 기한은 과학으로 도출한 여러 기후 목표가 그때까지는 '반드시' 달성되어야 하는 지점이다. 이에 관해서는 2장의 '변화 10'에서 언급한 바 있다. 미래 기후는 '되돌릴 수 없는 지점'인 한계선의 관점으로만 이해되는데, 그때를 지나가면 어떤 정책 조치라도 '너무 늦어서' 소용이 없다. 완전한 소멸을 꿈꾸며 지구로 돌진하는 혜성(영화 〈돈 룩 업〉처럼)과 다르게, 부족 담론이 제시하는 그림은 방향이 정반대이다. 다름 아닌 지구가 멸망으로 향하는 기후의 벼랑 끝으로 돌진하고 있다.

자꾸 반복되는 '시간이 부족하다'는 비유는 기후 변화에 관한 공공 정치 영역에서 부족 담론에 기름을 붓는다. 〈기후 과학자들이 세상에 외친다. '20년만 지나면 끝장'〉, 〈기후 변화: 지구를 살릴 시간 12년? 18개월로 바꿔야)와 같은 기사 제목은 흔히 볼 수 있다. 사회과학자들이 2022년 IPCC 보고서에 쓴 그나마 더 냉철한 표현에도 이런 결핍의 어조가 묻어 있다. "온난화 및 개발 추세 때문에 기후 적응 조치를 위한 기회의 창이 빠르게 닫히고 있다"든지 "기회의 창이 빠른 속도로 닫히고 있다. 시간이 없다" 등이 그런 예다.[10]

시간이 없다는 결핍의 렌즈를 통해 기후 변화의 틀을 바라보면 납득 가능한, 하지만 위험한 두 가지 결과가 초래된다. 하나는 카운트다운을 향해 똑딱거리는 기후 위기 시계, 다른 하나는 기후 비상사태 선언이다. 이 두 가지는 이제 어느 곳에나 만연하다. 가장 유명한 기후 위기 시계는 '미국 행동네트워크(AAN)'가 조직한 것으로 뉴욕시에 있다.[11] 뉴욕 유니언 스퀘어 위에 우뚝 솟은 너비 25m짜리 기후 위기 시계는 '인류가 기후 '카오스'라는 폐허로부터 제 목숨과 유일한 터전을 구하기 위해 행동할 수 있는 남은 시간'을 카운트다운으로 보여 준다. 거대한 시계는 마치 고개를 들어 '룩 업'하라고 요구하는 듯하다. 이 글을 쓰는 지금(2023년)을 기준으로 시계가 가리키는 '기후 카오스'까지 남은 시간은 6년 345일 12시간 56분 10초다. '아직 재앙을 피할 수 있는 시간이 남았다'고 말하고 있지만, 우리가 지금 당장 조처에 나설 때만 해당한다. 그렇게 하지 않으면 '과학이 말하건대 최악의 기후 영향이 초래되는 것이 불가피할, 돌이킬 수 없는 분기점'을 지나칠 것이다.

정말 종말이 임박했다면, 그에 따라 기후 비상사태를 선언하는 것은 놀라운 일도 아니다. 2016년 이래로 지방 자치 단체와 국가에서 대학과 교회에 이르기까지 기후 비상사태를 선포하는 관할권과 기관의 수가 점점 증가했다. 2020년에 유엔 사무총장은 세계 각국에 비상사태 선포에 동참하라며 다음과 같이 촉구했다. "극적인 비상사태에 직면하고 있다는 것을 여전히 부인할 사람이 있습니까? 따라서 오늘 저는 전 세계의 지도자 여러분께 탄소중립에 도달할 때까지 자국에서 기후 비상사태를 선포할 것을 요청합니다."[12] 압도적인 에너지 기반 시설과 대부분의 국가가 경제에 있어서 높은 탄소 의존도를 가진 것을 고려할 때 이 말은 대통령, 의회, 독재자, 폭군들이 적어도 향후 30년 동안 '비상사태'라는 법적 구속 아래에서 정치 행위를 지속해야 한다는 말이다.

시간 부족에 관한 담론 구축과 기후 변화에 관한 비상사태 정치는 중대하지만 걱정스러운 정치적·심리적 함의를 가진다. 시간이 부족하다면, 배출량을 줄이는 어떤 조치든 괜찮다. 모든 것이 '신속히' 수행되어야 한다. 이런 결핍성은 편협한 사고, 비정치화된 기술 관리주의, 심리적 불안으로 이어진다. 시간이 부족해 보이면 단기적 사고가 팽배해지는 것은 당연하다. 하지만 결과를 폭넓게 고려하지 않고 '어떤 비용을 치르든 행동하는 것'

은 위험한 정치적 효과를 낳는데, 이에 관한 몇 가지 사례를 뒤에서 자세히 살펴볼 것이다.[13]

　여기서 내가 주목하는 것은 시간 부족이 불러일으키는 심리적 효과이다. 기후 기한의 효과는 그 시점을 넘어서는 미래를 상상하는 인간의 인지 능력을 제한한다. 미래는 그곳을 넘어가면 끝이라고 확인된 '되돌릴 수 없는 지점'에서 종결된다. 유니언 스퀘어 기후 시계의 경우, 이 '끝'은 2029년 7월 22일이다. 이렇게 정확하고 변경을 허용하지 않는 확정적인 종결은 기후 담론에 긴급성을 불어넣으려는 의도가 다분하다. 이것은 단순한 공포의 감정인 두려움과 체념을 불러일으킨다.[14] 4장에서 우리는 틱톡 사용자 찰스 맥브라이드가 기후 변화에 관해 느끼는 불안과 우울감을 토로한 것을 보았다. 맥브라이드와 똑같이 느끼는 수많은 젊은이가 있다. 10개국에 걸쳐 16세에서 21세 사이의 응답자 1만 명을 대상으로 한 2021년 설문조사에서 많은 청소년이 느끼는 불안의 깊이가 드러났다. 응답자의 거의 60%가 기후 변화에 대해 "매우 걱정스럽다" 또는 "극도로 걱정스럽다"라고 응답했다. 응답자의 4분의 3이 미래를 생각하면 무섭다고 응답했고 3분의 2가 슬프고, 두렵고, 불안하다고 응답했다. 절반 이상이 맥브라이드처럼 인류는 망했다고 생각하고 있었다.[15]

　젊은 세대에게 불안감과 공포감을 조성하는 것 말고도 기후 변화에 효과를 거둘 '마지막 기회'를 많이 설정하면, 실질적 변화를 꾀하려는 노력을 억누를 위험이 있다. 여러 사례를 볼 필요도 없다. 2006년 10월, 당시 영국 총리였던 토니 블레어Tony Blair는 "재앙으로 치닫는 한계점에 도달하지 않도록 행동에 나설 기회의 창이 고작 10년에서 15년가량 남았을 뿐"이라고 주장했다. 이 창은 이미 닫혔다. 10년 후인 2017년, 기후 과학자 한스 요아힘 셸른후버Hans Joachim Schellnhuber는 결정적 시기가 2020년이라고 선언했다. 그는 "기후 수학은 잔인할 정도로 명확합니다. 앞으로 몇 년 내로 세계가 치유될 수는 없겠지만, 2020년경에는 태만이 낳은 치명상을 입을 수도 있습니다"라고 말했다. 이 시점 역시 지나갔다. 그리고 불과 2년 후인 2019년 7월, 영국의 왕위 계승자이자 환경보호 활동가로 유명한 찰스 왕세자Charles Ⅲ (현재 영국 국왕-옮긴이)는 결정적인 창이 18개월이라고 생각했다. "저는 앞으로 18개월이 기후 변화를 생존 가능한 수준으로 통제하고, 자연을 우리가 생존하는 데 필요한 수준으로 복구해 평형 상태에 도달시킬 능력이 우리에게 있는지 증명할 시간이 될 것으로 굳게 믿습니다." 블레어, 셸른후버, 찰스 왕세자에게 우리는 이미 '끝장난 시간'에 사는 사람들이다. 우리 운명은 결정되었고, 때는 늦었다.

번번이 기한을 넘기고, 따라서 계속 연장되거나 아니면 새것이 등장하는 기한의 심리적 효과는 냉소나 절망 또는 무관심 중 하나가 되기 쉽다. 믿어야 할 '결정의 순간'들이 너무 많은데, 얼마 지나지 않아 모조리 못 믿을 것이 되고 만다. 그러면 어쩌면 그것들이 가졌을지도 모를, 정치 행동에 활기를 불어넣는 동력을 모조리 잃는 셈이다. '기후 변화를 막는 것'을 성공의 유일한 척도로 격상함으로써 기후주의는 시간이 부족하다고 부추기고, 따라서 이렇게 전혀 도움이 되지 않는 심리적 결과를 확대한다. 정치와 민주주의에 끼치는 효과는 마찬가지로 등골이 서늘한데, 지금부터 살펴보자.

사안의 비정치화

시간 부족이라는 조건에서 영향을 받은 기후주의의 세 번째 위험성은 그것이 공공 정치의 목을 조른다는 점이다. 시간이 항상 부족하므로, 행동은 항상 시급하다. 행동해야 할 때는 언제나 지금이다. 사회가 현실을 반영하고, 숙고하거나, 실험할 시간이 없다. 이 때문에 득정 남본적 여건이 형성되는데, 일부 학자들은 이것을 비정치화라고 부른다. 기후주의가 기후 변화를 정치 밖으로 밀어낼 위험이 있다니 역설적으로 들릴지도 모르겠다. 당연히 누군가는 기후 변화의 중요성과 시급함으로 여론의 관심을 끌어서 기후 변화라는 사안을 정치의 한가운데로 가져오는 것이 바로 기후주의라고 말할 것이다. 기후주의가 기후 변화를 정치 사안으로 더 공고히 자리매김한다는 뜻이다. 하지만 우리는 기후주의가 기후 변화를 비정치화한다는 것이 무슨 뜻인지 이해할 필요가 있다.

쟁점의 비정치화는 공론의 장이 막히고 대안이 억압될 때 발생한다. '대안이 없다'라거나 '비상 상황이다'라는 등의 주장에서 힘을 얻는다. 사안이 비정치화하면 국가는 과학자나 경제학자, 기술관료, 정부 기관을 동원하여 확실한 결과 전망치를 설계하고 제시함으로써 목적과 수단에 대한 광범위한 토론을 종결시킨다. 이런 일은 빈번히 일어나는데, 2020년 코로나19 팬데믹을 맞아 국가가 대처했던 방식에서도 확실히 드러났다. 그런 여건 속에서 대중의 관심사는 '탈정치적'인 것으로 변모했다. 즉 공개적인 정치적 토론이나 논쟁을 허용하는 범위를 넘어섰다는 뜻이다. 손발이 잘린 '정치'는 단순히 미리 정해진 목표를 달성하기 위한 도구로 전락한다. 사안이 비정치화되었다고 말할 수 있는 순간은, 가령 사회나 정부가 '과학적으로 대안이 없다'라거나 '과학적 분석에 따르면', 또는 '과학자들의 견해만 따르자'와 같은 주장을 하는 때이다.[16]

이런 의미에서 기후주의가 지닌 위험성 중 하나가 기후 변화를 비정치화하는 것이라고 말할 수 있다. 시간 부족 담론에 힘입어, 기후 변화 '정치'는 주어진 날짜까지 탄소 배출 중립을 달성하기 위한 기술적·경제적 역학을 제공하는 역할로 축소된다. 그 역학의 이면에 존재하는 여러 가치와 다양한 선택, 그들 사이의 절충은 공공의 관점과 조사의 영역에서 사라진다. '과학이 그렇게 말하기 때문에' '기후 변화 억제'가 다른 모든 것보다 우선순위인 관심사라고 주장하면, 다른 정책 목표를 옳다고 주장할 수 없고 심지어 토론의 여지조차 차단된다. 모든 전체주의 프로젝트의 좌우명은 '목적이 수단을 정당화한다'이다. 그렇게 기후주의는 자유, 평등, 다원주의, 자기 결정권 등의 전통적이고 중요한 정치적 가치를 공공 정치의 바깥으로 밀어낼 위험성을 내포하게 된다.

반민주적 충동

이것은 또 다른 관련 위험으로 이어진다. 기후주의는 기후 변화라는 쟁점을 비정치화하는 것에서 그치지 않는다. 민주주의의 근본 가치를 위협하기도 한다. 기후 변화의 위기 관리 방안과 관련하여 가치와 이해관계의 상충을 인식하지 못하고 토론하는 상황은, 눈 깜짝할 새에 지배적 입장에 도전하는 대중들의 목소리를 적극적으로 억압하고 검열하는 단계로 치달을 수 있다. 여기서 진짜 위험은 반대가 묵살된다는 점이다. 기후주의가 전체론적인 이유는 단일한 거대 서사 속에 모든 공적 관심사를 포괄하는 것을 추구하기 때문만이 아니다. 기후주의의 이런 성격은 4장에서 이미 보았다. 기후주의는 가장 극단적인 경우, 기후 변화에 관해 언급될 수 있는 것과 그럴 수 없는 것의 경계, 그리고 그것을 언급할 수 있는 사람과 그렇지 못한 사람을 나누는 경계를 감시하고 감독하려고 한다.

공개적으로 밝힌 어떤 견해를 적법하지 않은 것으로 치부하는 일은 처음에는 기후 변화의 현실을 드러내는 과학적 증거를 해체하거나 과학적 신뢰성을 떨어트리려고 하는 기만적인 주장에 대응할 의도에서 시작되었을 것이다. 여기에는 이점도 있다.[17] 하지만 이런 충동은 쉽사리 범위를 넓혀 기후주의 과학에 관한 발언뿐 아니라, 대안이 될 기후 정책이나 타당한 정치적 절충안까지 감시한다. '기후 부정주의'는 처음에는 확립된 과학 지식을 뻔뻔하게 무시하는 행태를 가리키는 말로 사용된다. 하지만 그것은 곧 기후주의 거대 서사에 관해 일부분이라도 의문스럽다고 말하는 사람을 깎아내리거나, 자신이 지지하는 기후 정책 제안의 효과에 의문을 제기하는 사람들의 동기를 의심하는 꼬리표로 바뀔 수 있다. 이런 경로를 따름으로써 기후주의는 정치 조직 내부에서 비판적이지만 타당한 의견과 소수 의견을 검열하는 비자유주의적이고 반민주적인 충동을 부채질할 위험이 있다.

우리는 앞서 3장에서 BBC의 바이트사이즈 누리집을 둘러싼 관대한 검열의 한 사례를 보았다. 또 다른 예는 '기후 지연론자'라는 용어의 사용인데, 이것은 탄소중립 목표치에 대한 추구가 사회에 초래할 광범위한 영향에 관해 합당한 의문을 제기하거나, 모든 화석연료를 재생 에너지 기술로 대체하는 것이 가능한지 의문을 제기하는 의견의 적법성을 훼손하는 용어다. 후자와 관련된 터무니없는 사례는 2015년 파리기후협약이 서명되고 얼마 지나지 않아 〈가디언〉에 실린 사설에 등장했다. 사설의 제목은 〈경계해야 할 기후 거부주의의 새로운 형태. 아직 축포를 쏘기는 이르다〉[18]였다. '거부주의'라는 꼬리표를 붙임으로써 사설의 필자(저명한 미국 과학사학자였다)는 당시 화석연료로부터의 신속한 전환을 위해 원자력을 확대하자고 주장하던 몇몇 존경받는 과학자들의 견해를 적법하지 않은 것으로 취급했다.

하지만 반대가 존재하지 않는 민주주의는 더 이상 민주주의가 아니다. 반대가 적법한 지위를 얻기 위해서는(그리고 토론이 진정한 것이 되기 위해서는) 이념적 다원주의, 가치의 다원주의가 용인되어야 하고, 심지어 장려되어야 한다. 이데올로기의 사회적 역할에 대한 프리든의 기술에서도 이 점이 확인된다. 우세한 이념에 대한 반대를 묵살하는 것은 그 이념을 격상해 패권적 지위를 부여하는 셈인데, 이는 민주주의에 해롭다. 자유 사회에 바람직할 뿐 아니라 불가피하게 존재하는, 이념적 입장의 다원성에 역행한다. 프리든은 "반대가 적법한 위상을 얻기 위해서는, 그리고 논쟁에 다원성을 갖추기 위해서는 일반 대중이 합리적인 이념적 불일치가 정상적이고 허용 가능한 것이라고 받아들여야만

한다”고 언급했다.[19]

검열에 대한 충동은 다음 두 사례를 보면 더 폭넓게 이해할 수 있다. 2019년, 미국 민주당 상원의원 12명은 특정한 연방정부 연구비 사용을 법적으로 제한하는 법안을 발의했다. 해당 법안의 골자는 ‘기후 변화에 관해 과학적 합의에 도달한 사항에 이의를 제기’하는 활동에는 공공자금 지원을 법적으로 금지하는 것이었다. 법안은 통과되지 않았지만, 비판과 도전을 묵살하겠다는 의도는 명확했다. 마찬가지로 미국에서 일어난 일인데, 최근 트위터(현 엑스(X))는 가이드라인을 새로 만들어 IPCC가 내린 결론에 반대되는 내용의 광고를 금지하고 있다. 기후 반대 의견을 묵살하려는 이 두 사례를 언급하면서 로저 피엘케 주니어는 규제를 통해 비판의 여지를 없앰으로써 기존의 과학을 보호하는 것에 문제가 있다고 꼬집었다.[20] 이는 과학적 탐구의 본질만큼이나 과학적 합의의 본질도 이해하지 못한 것이다. 반대하는 목소리를 틀어막는다고 기후 과학의 인식적 지위가 확고해지거나 대중이 기후 과학을 수용하게 되는 것은 아니다. 과학 지식과 과학직 합의는 둘 다 불가침의 영원한 진리를 대변하지 않는다. 지식과 합의는 도전, 비판, 의견 대립, 타협을 거쳐 만들어진다. 3장에서 이미 언급했지만, 기후주의자들은 그런 관행을 금지하려고 노력해서는 안 된다. 오히려 정반대로 노력해야 한다. 과학에 대한 열린 도전은 때때로 합의된 이해의 신뢰성과 중요성을 강화할 수 있고, 어떤 경우에는 새로운 연구 결과로 지식이 진화하고 정교해지는 기회를 얻을 수도 있다.

비슷한 — 한층 극단적인 — 맥락으로 영국 정치과학자인 캐트리오나 매키넌Catriona McKinnon은 국제형사법의 범위를 확장해 자신이 '후손 살해postericide'라고 이름 붙인 것을 새로운 범죄로 규정할 것을 제안했다.[21] 매키넌에 따르면 이 용어는 '인류의 멸종을 초래하는 의도적이거나 부주의한 행위'를 가리킨다. 2019년 〈유네스코 꾸리에UNESCO Courier〉에 기고한 글을 통해 매키넌은 기후 변화를 악화시킬 부주의한 공적 행위나 발언의 영역에서 "후손 살해 행위를 찾아내야만 한다"고 말했다. 매키넌은 '후손 살해' 사건을 실제로 국제형사재판소에 회부하는 시나리오까지 염두에 두고 있었다. '후손을 상대로 한 기후 범죄'는 한 개인의 직접적인 행위가 원인이 될 수는 없을 것이다. 하지만 매키넌은 대기업이나 심지어 국가에서 책임 있는 자리에 앉은 사람들은 이런 기후 범죄를 저지르는 것이 가능하다고 주장했는데, 가령 기업 CEO가 회사의 이익을 저해한다는 이유로 기후 변화를 초래할 점진적 영향에 관한 정보를 공개하지 않는다면 그것이 기후 범죄인 셈이다. 마찬가지로 기후 위기 완화에 관한 국제적인 공식 합의로부터 자국을 탈퇴시키는 대통령도 마찬가지로 기후 범죄자가 된다.

내가 보기에 이 사례는 기후주의가 극단으로 치닫는 경우이다. 그런 국제법이 만들어진다면 그것은 기후 부정주의를 마치 홀로코스트를 부정하는 수준의 범죄로 본다는 뜻이다. 이런 제안은 '기후 부정'의 요건을 훨씬 더 엄밀하게 정의해야 하는 어려움 때문에라도 법안으로 통과될 가능성이 매우 낮다. 앞서 언급한 경우와 같이, 원자력을 옹호했다는 죄목으로 고발된다면 웃음거리로 전락할 것이다.

비뚤어진 결과

이 장을 마무리하면서 서두에 언급한 우려로 다시 돌아가 보자. 기후 변화가 전부라고 믿는 입장에서 만든 정책은 쉽사리 비뚤어진 결과로 이어진다. 기후 시스템에 대한 인간의 영향력을 줄이는 목적으로만 설계된 정책(이른바 완화 정책)은 때때로 사회적·생태적·정치적 문제를 낳는다. 부실하게 고안된 기후 적응 정책을 추구하다 보면 우리가 '오적응mal-adaptation'이라고 부르는 비뚤어진 결과가 초래될 수 있다. 이런 여러 특징은 '사악한 문제(wicked problem, 문제를 해결하려는 노력에서 더 많은 문제가 생기는 문제)'[22]에서 전형적으로 나타나는데, 기후 변화가 아마도 가장 상징적인 사례일 것이다. 앞에서 논의한 바이오연료 의무화 사태 외에 몇 가지 예를 더 보자.

2010년대에 독일은 화석연료 기반 기술에서 벗어나는 속도를 높이기 위한 야심차고 공격적인 에너지 진환(energiewende) 프로젝트에 착수했다. 국가적으로 석탄과 가스 생산 시설을 폐쇄하고 기후와 무관한 다른 이유로 원자력 산업도 급속히 해체했다. 하지만 아무리 막대한 투자를 쏟아부어도 재생 가능 에너지는 계획된 일정에 따라 신뢰할 만한 수준으로 생산 능력을 채울수 없었다. 그 결과, 해당 10년 동안 독일의 러시아 석유와 가스의존도가 매우 증가했다. 2021년에는 독일 가스의 60%가 러시아산이었는데 대략 2010년 수치의 2배에 달했다(정도는 다양했지만 다른 유럽 연합국도 이 시기 동안 러시아 석유와 가스 의존도가 높아졌다).

독일의 녹색 에너지 정책이 우크라이나 침략이라는 푸틴의 숙원에 얼마만큼 힘을 실었는지에 관해서는 논쟁의 여지가 있다. 하지만 2022년 2월 푸틴의 우크라이나 침공 이후 유럽이 전례 없는 에너지 안보 위기를 맞았다는 사실에는 의심의 여지가 없다. 독일은 기후 완화 목표치를 달성하기 위해 지나치게 공격적이고, 편향적이며, 속도를 높인 에너지 탈탄소화를 추진함으로써 푸틴의 호의에 가스 공급을 맡기는 신세가 되었다. 얄궂게도 독일은 이 중기적 위기를 타개하기 위해 일부 유휴 석탄 화력 발전소를 재가동하고(온실가스 배출량은 따라서 증가했다), 2022년에 서둘러 폐쇄할 예정이었던 원자력 발전소 3기의 수명도 연장했다.[23]

협소한 기후주의 렌즈를 통해 경제 탈탄소화를 추구하는 일에는 다른 잠재적 위험도 도사리고 있다. 화석연료 자산(예로 석탄 광산)을 급속하게 무력화하는 시도로 인해 가혹한 인적 비용이 들 수 있다는 점은 쉽사리 간과된다. 많은 경우에 이런 비용은 중심에서 한참 떨어진 주변부에 위치한 불안정한 지역 사회(예로 인도, 폴란드, 남아프리카의 탄광촌)가 떠안게 되고 여기에는 국지적 실업 증가, 지역 경제 침체, 사회 불평등 심화 등이 포함된다. 급속한 에너지 전환으로 인해 '뒤처진' 지역 사회를 만드는 일은 결국 사회 정의에 관한 의문을 품게 만든다. 왜 이런 노동자들이 에너지 전환으로 발생하는 터무니없이 불균등한 복지 비용의 짐을 져야 하는가? 더 넓게 보자면 기후주의는 결국 미래에 정치적 환멸, 양극화, 불안이 될 씨앗을 뿌리고 있는지도 모른다. 그 결과로 나타나는 불균등한 효과와 부담을 못 본 척하기에는 '탈탄소화를 향한 돌진'이 너무 빠르다. 더 청정한 에너지로 전환하는 일은 빠른 속도만큼이나 '정의로운 일'이어야 한다.

기후주의가 요구하는 것에 대한 지나친 집착이 초래하는 비뚤어진 결과로는 태양 기후 공학과 관련된 것이 있다. 이것은 1장에서 적극적인 기술적 해법 추구를 거론할 때 잠깐 언급되었다. 성층권에 미립자를 주입해 사실상 인위적인 지구 맞춤형 온도 조절기를 생성한다는 이 아이디어는 기후주의의 협소한 근시안적 관점, 즉 기후 정책의 성공 여부를 판가름하는 출

중한 지표로서 지구 온도를 조절하는 데만 초점을 맞추는 관점에서 비롯되었다. 이 특별한 기후 변화 '해결책'은 최근 몇 년간 지지자 수가 증가하는 추세다. 하지만 이렇게 상상 속의 기술을 현실화하는 것은 상당한 위험을 안고 있는데, 심지어 지구 온도를 낮춘다는 단일 목표에 성공한다 해도 마찬가지다. 해당 기술에서 의도치 않게 파생될 수 있는 결과에 대한 증거를 검토하며 사회과학자 아르티 굽타Aarti Gupta는 다음과 같이 결론 내렸다. "이런 기술적 모험주의는 불평등을 심화하고 기후 위기를 장기적으로 완화하기보다는 악화하는 결과로 이어질 가능성이 높다."[24]

또한 변화하는 기후 위험에 대한 시스템과 사회의 적응 능력을 향상하려는 정책 조치에서 잘못된 결과가 나올 수 있다. 기후 변화의 강도를 줄일 목적으로 설계된 여러 개입 안에서 그랬던 것처럼, 기후주의가 빈번하게 조장하는 좁은 시야로 적응 정책을 추진하면 득보다 실이 더 많을 수 있다. 이런 의도하지 않은 결과를 우리는 '오적응'이라고 부른다. '외형상 기후 변화의 취약성을 피하거나 줄이려는 의도로 채택한 조치가 다른 시스템, 분야 또는 사회 집단의 취약성에 악영향을 미치거나 취약성을 증가시키는 경우'를 의미한다. 오적응은 다양한 방식으로 발현된다. 원래 목적대로라면 줄어야 하는 온실가스 배출이 더 늘어나는 결과가 생길 수 있다. 가장 취약한 인구 집단에 가장 큰 짐을 지울 수도 있다. 또 다른 기후 관련 위험 요소인 소위 도덕적 해이에 취약해지는 결과를 낳을 수도 있다. 게다가 특정 방향의 개발에 집중함으로써 미래 세대가 선택할 수 있는 여러 발전 경로를 제한할 위험도 있다. 그 예로 피지섬에서 조류 상승과 폭풍 해일로부터 지역 사회를 보호할 명목으로 건설된 해상 방파제를 생각해 보자. 방파제를 설계한 공학자들은 제방의 육지 쪽 면에 빗물 배수시설을 설치하는 것을 고려하지 못했고 이 때문에 거주지가 물에 잠겼다. 강우량 감소에 대응해 건조지 토지에 관개를 확대하면 지하수 염화와 습지 황폐화가 초래될 수 있다. 또 작은 섬 국가의 주민들을 재정착시키면 실업, 노숙, 경작지 결여, 식량 불안정, 사회적 소외, 공동 자산 자원에 대한 접근성 감소, 질병 증가 등으로 해당 주민들의 기후 변화 회복력이 감소하는 결과가 나타나기도 한다.[25]

기후 변화는 여전히 중요하다

이 장에서 내가 주장한 내용을 기후 변화가 인간사에 미치는 영향이 현실과 다르다거나 중요하지 않다는 식으로 해석해서는 안 된다. 기후 변화가 엄청나게 중요한 결과로 발현되는 여러 형태가 있다. 사회적 삶과 생태 시스템은 기후 조건과 깊은 상호의존성을 가지고 있으며 기후 조건이 달라지면 사회와 생태 시스템은 새로운 도전에 직면할 수밖에 없다. 기후 변화 정도와 강도를 제한하겠다는 야망은 바람직하고 또 필요하다. 지난 25년간 기후 변화에 맞서 추진된 모든 정책 조치가 위험하고, 방향 설정이 잘못되었으며, 비뚤어진 결과를 초래했다고 얘기하려는 것이 아니다.

하지만 나는 두 가지 면에서 기후주의가 불만스럽다. 하나는 기후주의가 제임스 스콧이 '시야 협소화'라고 표현한 것과 관련된 위험을 갖고 있다는 점이다. 기후주의 이념은 그런 위험에 빠지기가 너무 쉽다. 세상이 '일차원으로 납작'해져서 미래는 단 한 가지 차원, 바로 세계 기후의 운명과 탄소중립 달성 여부로만 이해된다. 기후주의는 현실에 관해 선택적 관점을 제공하는데 그 속에서 인류의 발전이나 정치적 자유, 기술 혁신, 인간 적응, 생태적 진화와 같은 더 넓은 맥락은 소외되거나 자취를 감춘다. 다른 하나는 기후주의가 성치의 개방적인 작동을 제한할 위험이다. 기후주의는 기후와 사회, 정책 사이의 관계에 대해 과학 논리에 젖은, 환원론적 이해를 제공할 뿐이다. 기후주의 관점으로 바라보면 과학 지식이 사회적 조작 계획과 지구물리학적 통제 시스템을 설계하고 실행하는 데 적절한 기반을 제공한다는 확신이 강화되고, 강화된 확신은 다시금 이런 전망을 부채질한다. 하지만 그런 야망을 담은 계획은 철저하게 정치적이다. 그런 계획들이 나오게 된 가치관이야말로 더 많은 대중의 감시·감독의 대상이 되어야 하고 열린 논쟁을 허용해야만 한다. 시간 부족이라는 수사가 민주적 과정을 단축하는 데 사용되어서는 안 된다는 말이다.

요약

이 장에서 나는 기후주의 이념이 대중의 상상력과 정치적 상상력을 너무 공격적으로 장악하는 데서 오는 여러 (잠재적) 위험에 관해 경종을 울리려고 했다. 그 위험들은 복잡한 방식으로 상호 연관되어 있다. 하지만 모두 한결같이 기후 변화를 막는 것만이 정치적으로 최우선 과제이며(이 과정에서 목표는 수단을 정당화하고) 급속히 줄어드는 남은 시간 동안 이 목표가 달성되어야 한다는 기후주의 신념에서 기원을 찾을 수 있다. 나는 세계적으로 일어나는 많은 생태학적·정치적 재앙을 기후라는 단일 원인으로 설명하는 추세의 위험싱도 지적했다. 또한 기후주의가 시간 최소성을 끌어들임으로써 만들어 내는 일련의 상호 연관된 심리적·정치적 위험들도 강조했다. 10대 청소년을 비롯한 젊은 세대에 널리 퍼진 미래에 대한 생태 불안감, 두려움, 환멸 그리고 기후 변화를 탈정치적 사안으로 만드는 다양한 가치와 목표에 관한 개방적인 사회적 토론의 억압, 그리고 '대안이 없다'라는 열렬한 확신에 금세 뒤따르는 비자유주의적이고 반민주적인 충동이었다. 이 장의 끝에서 나는 좁은 시야로 만든 기후 관련 정책 목표들을 맹목적으로 추구하는 일이 비뚤어진 결과를 초래하는 여러 방식에 관해 논의했다.

지금까지 나는 기후주의 이념에 주목하고 그것이 무엇인지 규명했으며, 어떻게 독특한 과학적·사회과학적 주장들이 기후주의를 떠받치는지 설명했다. 또한 과학과 사회과학이 무비판적으로 기후주의에 빠져들어서는 안 된다고 경고했다. 기후주의 거대 서사가 전체론적·영지주의적·종말론적·마니교적인 본능에 호소하는 매력을 가지고 있다는 점도 지적했다. 그리고 이 이념에 굴복할 때 따라오는 가장 시급한 위험 몇 가지를 구체적으로 언급했는데, 그중 한 가지가 선의에서 시작한 정책이 비뚤어진 결과로 이어지게 만드는 좁아진 정치적 시야였다.

그러면 대안은 무엇인가? 너무 오랫동안 공공 발언과 정치, 정책에 기후주의 사고방식을 심어 왔기 때문에 다른 길을 찾을 수 없게 되었을까? 그렇지 않다면 기후주의의 매력적인 덫에 빠지지 않고 기후 변화의 현실과 도전을 진지하게 받아들일 수 있는 다른 방법은 무엇일까? 다음 장에서 나는 기후주의와 관련해 몇 가지 수정 방안을 제안하려고 한다. 그것들은 기후주의가 가진 가장 위험한 특징들을 회피하는 데 도움이 될 것이다.

기후주의를
해독할
대안들

제6장

사악한 문제는 투박한 해결책으로

수억에 달하는 빈곤 국가의 사람들은 아직도 장작을 때거나 조리용 화로에 등유, 석탄, 동물 배설물이나 다른 형태의 바이오매스 연료를 집어넣는 방식으로 실내에서 요리를 한다. 이들은 약 25억 명으로, 전 세계 인구의 약 30%를 차지한다. 세계보건기구의 추산에 따르면 이런 조리 관련 기술은 실내 공기를 오염시키고, 이와 관련된 질병으로 발생하는 조기 사망자 수는 연간 380만 명에 달한다. 사망자 대부분은 여성과 아이들(특히 여자아이들)인데, 주로 요리와 가사 대부분을 도맡기 때문이다. 게다가 이런 연료를 꾸준히 사용하는 일은 여성과 여아의 안전과 수입, 교육에도 영향을 미친다. 이를테면 장작이든 소의 배설물이든 연료를 줍고 모으는 일은 시간이 걸리므로, 여자아이들은 그만큼 학교에서 보낼 시간을 빼앗기는 셈이다.

　이렇게 위험하고 부담이 큰 기존 기술을 대체할 가장 저렴하고, 깨끗하며, 확장성이 좋은 해결책은 액화석유가스(LPG)용 레인지다. LPG 연료는 단위 에너지(1J)당 석탄보다는 약 33%, 석유보다는 약 12% 더 적은 이산화탄소를 배출한다. LPG는 이산화탄소 다음으로 지구 온난화에 가장 많이 영향을 미치는 '블랙 카본(검댕)'을 거의 배출하지 않는다. 게다가 치명적인 실내 연기를 대폭 줄일 수 있는데, 사실 이 연기 때문에 수백만 명이 폐렴, 폐암, 만성 폐쇄성 폐 질환으로 사망한다.

2015년에 유엔이 합의한 17개 지속가능발전목표(SDG) 중 '목표 7'은 '전 인류에 저렴하고, 안정적이고, 지속 가능하며, 현대적인 에너지에 대한 접근성을 보장'하는 내용을 담았다. LPG처럼 저렴하고, 안정적이며, 지속 가능한 조리용 연료에 보편적 접근성을 확보하기 위해서는 매년 약 45억 달러의 투자가 필요한데, 현재 부유한 국가들의 투자금은 이 금액의 3%에 불과하다. 설상가상으로 독일, 노르웨이 등의 일부 유럽 국가는 저소득 및 중간 소득 국가의 화석연료 관련 사업에 재정적 투자를 금지하는 방안을 추진 중이다. 법안에 따르면 LPG 가스레인지 등의 기술에 대한 투자도 금지된다.

기후 변화를 막는다는 하나의 정책 목표에 집착함으로써, 기후주의 이념은 더 광범위하고 다양한 복지 목표와 윤리적 의무에 주목하는 데 실패한다. 개발 경제학자이자 정책 주창자인 비자야 라마찬드란Vijaya Ramachandran은 과학 저널 〈네이처〉에 기고한 사설에서 최근 발의된 금지 법안이 가질 효과에 대해 원색적인 용어를 쓰며 비난해 이목을 끌었다.

이런 청교도적이고 일률적인 접근 방식은 기후에 해를 끼치고 여성을 더러운 조리 연료가 내뿜는 유독한 연기를 들이마시도록 버려둔다. (…) 부자 나라의 정책 입안자들은 자기들이 여성 인권 향상을 지지한다고 말할지 모르지만 내가 보기에는 가난한 여성들의 삶을 개선하는 일보다 단순하게 만든 기후 완화책에 (그리고 작은 나라들에 감축과 타협을 강요하는 데) 더 관심이 있는 것 같다. 얄궂게도 (LPG 등의) 깨끗한 조리 연료가 표준 연료들보다 환경에 훨씬 이롭다. (…) 화석연료를 금지하겠다는 짐짓 엄숙한, 보여 주기식인, 대대적 금지는 아무에게도 도움 되지 않는다. 개발도상국의 취약한 인구와 더불어 기후를 더 성공적으로 보호하기 위해서는 더 지능적이고, 데이터에 입각한 접근이 필요하다.[1]

이런 좁은 시각이 생기게 된 이유를 거슬러 올라가면 유엔 주도로 체결된 국제 협약이 나온다. 1992년, 세계 각국 정부는 「기후 변화에 관한 유엔 기본협약(UNFCCC)」의 안을 만들고 함께 시명했다. 협약의 '제2조'는 '궁극적인 목표'를 설명한다.

기후 시스템이 위험한 인위적 간섭을 받지 않는 수준으로 대기 중 온실가스 농도를 안정화할 것. 이 수준은 생태계가 기후 변화에 무리 없이 적응하고, 식량 생산이 위협받지 않으며, 경제 발전이 지속 가능한 방식으로 지속되기에 충분한 일정 계획 속에서 추구되어야 한다.

여기서 온실가스 농도의 안정화를 넘어서는 여러 목표를 나타낸 중요한 수식 어구에 주목하라. 더 넓은 차원(생태, 사회, 경제)의 지속 가능성이 단일한 기후 목표에 너무 공격적이거나 치우쳐서 집중하지 않게 하는 제한 조건으로 나타나고 있다. 이런 광범위한 목표들은 2000년에 합의된「새천년발전목표(Millennium Development Goal(MDG))」에 처음으로 명시되었고, 곧이어 2015년 9월 뉴욕에서 모든 유엔 회원국이「지속 가능한 발전을 위한 2030 어젠다(2030 Agenda for Sustainable Development)」를 채택하면서 재차 합의되었다. 어젠다는 이렇게 명시했다.

현재, 그리고 미래에, 인류와 지구의 평화와 번영을 달성하기 위해 우리가 합의에 이른 청사진을 제시하였다. 그 중심에 17개의 지속가능발전목표가 있다. (…) 이 목표들은 개발도상국과 선진국을 막론하고 모든 국가가 세계적 동반자 관계 속에서 긴급히 행동에 나서야만 하는 것들이다. 지속가능발전목표는 빈곤과 다른 결핍을 종식하는 일이 건강과 교육을 증진하고, 불평등을 줄이며, 경제 성장을 촉진하는 전략과 함께 이루어져야 한다는 점을 인식한다. 전 과정에서 기후 변화에 대응하고 지구의 해양과 밀림을 보존하기 위한 노력을 병행한다.

하지만 불과 3개월 뒤인 2015년 12월, UNFCCC의 협의체에서 똑같은 당사국들이 「파리기후협약(또는 파리협정)」을 채택했다. '제2조'(이제 파리협정에 포함되었다)에서 다시 궁극적인 목표를 구체적으로 표명했다.

본 협약은 유엔기후변화협약의 목적을 포함해, 해당 협약의 이행을 확대하는 일환으로서, 기후 변화의 위협에 대한 전 세계의 대응을 강화하는 것을 목표로 한다. 지속 가능한 발전과 빈곤 퇴치를 위한 노력이라는 맥락 속에서 추진하며, 지구 평균 온도 상승을 산업화 이전 수준보다 섭씨 2도 아래 수준으로 억제하고 동시에 온도 상승을 1.5도 이내로 억제하기 위해 노력하는 것을 포함한다. 이것이 기후 변화의 위험과 영향을 현저히 감소시킬 것이라고 인식하기 때문이다.

그렇다. 파리협정은 '지속 가능한 발전이라는 맥락'과 '빈곤 퇴치를 위한 노력'을 인정하기는 했지만 불과 석 달 전에 체결된 지속가능발전목표를 사실상 유명무실하게 만들었다. 특정 수치 범위 내로 지구 온도를 조절하겠다는 목표는 광범위한 복지에 대한 열망보다 앞서게 되었고, 이는 부분적으로 기후 과학자들과 정부 협상가들이 기후 정책의 목표를 하나의, 그리고 (겉보기에) 단순한 지표로 특성화하는 데 성공했기 때문이다. 이것이 내가 2장에서 설명한 '변화 3'에 해당한다.

기후주의의 해독제

기후주의로 인해 시야가 협소화되면서 근시안적이고 퇴행적인 정책이 추진된다. 앞서 라마찬드란이 반대한 저소득 국가에 대한 화석연료 투자 금지 같은 정책이다. 동기는 선했을지 몰라도(온실가스 배출을 줄여서 지구 온난화 속도를 늦추겠다는) 그 정책은 가난한 나라들의 여성과 아이들에 대한 차별을 유지하는 데 이바지한다.

이런 사고는 어떻게 하면 전복될까? 기후주의의 대안은 무엇인가? 이데올로기는 하루아침에 뒤집히거나 해체되는 일이 거의 없다는 사실을 기억해야 한다. 하지만 오늘날 정치와 도덕적 상상력의 많은 부분을 장악한 기후주의의 통제력을 느슨하게 만드는 데 도움이 될 만한 많은 논점이 있다. 넓은 의미로 보자면 이 논점들은 보편주의보다 다원주의, 경직성보다 유연성, 유토피아적 이상보다 실용적 결과에 더 큰 가치를 두는 정치적 실용주의의 일반 원칙을 따르는 것이다.[2] 기후 변화에 적용하자면, 실용주의는 인류 복지와 생태 복지를 늘리는 정책 조치가 무엇인지 고민하고, 정책을 개발할 때 시야를 넓힐 것을 요구한다. 특정 날짜까지 탄소중립을 달성하는 것을 넘어 서로 경쟁하는 합법적인 인간의 가치와 이익, 열망이 존재한다는 것, 그리고 국내뿐만 아니라 국가들 사이에서 정책적 상충관계가 존재한다는 점을 인정하고 그에 관해 논의하고, 해결 방안을 탐색해야 한다는 점을 인정하는 것이다.

이 장에서 나는 다섯 가지 해독제(변화하는 기후와 관련하여 세계와 미래에 관해 사고하는 다섯 가지 방식)를 제시할 텐데, 앞 장에서 살펴본 기후주의적인 편협한 사고의 여러 위험에 맞설 방법들이다. 수정 방안은 다음과 같다. 과학적 불확실성을 우선적으로 생각하고, '시한부주의'를 완화하고, '겸손의 기술'을 장려하고, 가치의 다원성을 인정하며, 다원적 목표를 추구하는 것이다. 다섯 가지 수정안은 1장에서 아이쿠트와 마르텐스가 규명한 신흥 '기후 논리'에 대한 해독제(《표 1》)와 일부 겹친다. 즉 앎의 방식 다원화, 대안적 세계화, 참여형 미래 진단, 사회의 변화가 그것이다.

미래 기후의 불확실성을 우선으로 고려하기

모든 기후 예측과 그런 예측을 기반으로 미래 영향을 전망할 때 그 속에는 불확실성이 내재해 있다는 사실을 더 진지하게 고려할 필요가 있다. 모든 모형은 오류에서 벗어날 수 없기 때문에 이런 불확실성은 어찌 보면 고질적이고, 기후 모형 전문가들에게는 익숙한 사실이다.[3] 하지만 모든 모형 예측이 본질적으로 예측이 불가능한 인간의 미래 발전 경로를 조건으로 삼기 때문에 불확실성이 발생하기도 한다. 예측된 기후의 미래 영향을 전망하는 일은 사회 변화와 맞물려 미래 기후 리스크가 어떤 모습으로 형성될지, 그 조건을 결정하는 모든 차원의 변화에 관해 엄청난 규모의 가정을 세울 필요가 있다. 그렇지 않으면 인간 세계에서 일어날 다른 영역의 변화들을 무시해 버리는데, 기후 환원주의가 그런 예다. 기후 모형은 진실을 말하는 기계가 아니고, 미래 시나리오는 미래를 보여 주는 마법의 수정구슬이 아니다. IPCC가 잘하는 일은 이런 질문들과 관련해 기후 과학과 기후 사회과학의 최신 상황을 체계적으로 평가하고 요약하는 것이다. 하지만 미래에 관한 불확정성, 불확실성, 그리고 무지는 여전히 만연하고 계속 유지된다.

기후주의는 미래에 대해 우리가 알아낼 수 있는 것과 관련해 과한 자신감을 갖고 있다. 또한 미래에 관한 과학 지식과 과학에서 나온 숫자들을 맹신하는 경향이 있다. 기후 과학자들과 기후 모형 개발자들은 모형이 더 강력해지면 물리적·생태적·사회적·기술적 시스템 사이의 복잡한 상호의존성이 만들어 내는 미래의 결과를 더 정확하고 정밀하게 시뮬레이션할 수 있다고 주장할 것이다. 우리는 이것을 2장에서 '변화 6'으로 이미 살펴보았다. 이는 유럽연합의 호라이즌 유럽(Horizon Europe) 연구 혁신 프로그램이 2030년까지 달성하겠다고 약속했던 바로 그것이다. '디지털로 '완전하게' 재현한 지구, (⋯) 자연 현상과 인간 활동 사이의 상호 작용을 관찰하고 예측할 정확한 지구의 디지털 모형'

이다.[4]

　기후주의를 해체하기 위한 첫 단계는 이런 주장들을 대할 때 매우 의심하는 태도를 취하는 것이다. 과학과 사회과학은 미래를 '희미하게 볼 수 있을 뿐'이고, 앞으로도 언제나 그럴 것이다. 적응 방안 결정은 불확실한 예측에 근거해 최적의 안을 찾는 일보다 불확실한 미래의 여러 가능성을 대비하는 것이 더 좋다. 우리는 이렇게 미래를 알지 못하기 때문에 정책 입안자들은 언제 과학 너머로 시선을 던지고, 언제 다른 형태의 분석과 성찰·지혜·판단을 수용할지를 알아야 한다. 미래 정책에 관한 의사 결정의 틀을 짜고, 정보를 제공하고, 안내하는 일에는 과학 이상의 것이 요구된다. 과학 지식은 그 자체로는 사람들이 원하는 종류의 세계를 이루어 내는 도덕적 비전도, 윤리적 입장도, 정치적 구조도 제공하지 못한다.

'겸손의 기술'

　기후주의의 위험성에 대한 두 번째 해독제는 불확실성을 인정하는 것과 직결된다. 바로 과학기술학자 실라 재서노프Sheila Jasanoff가 말한 이른바 '겸손의 기술'을 채택하는 것이다.[5] 이것은 '과학 지식의 편파성을 받아들이고 우리 힘으로는 어쩔 도리가 없는 불확실성을 고려하며 행동하는 훈련 방법'을 의미한다. 다시 말해 재서노프는 미지의 미래와 대면할 때 겸손이 자만을 대체하게 만들 것을 촉구한다. 이것은 기후 예측과 기후 영향 전망의 구체적인 한계를 인식하는 앞의 주장보다 한층 더 범위가 넓다. 지식과 선견지명과 관련해 인간이 가진 전반적인 한계를 인식하는 것에 가깝다. 미래에 예기치 못한 상황(전염병 대유행, 국가 간 전쟁이나 사이버 전쟁, 세계 경제 불황, 파탄 국가 등)이 일어날 수 있고, 따라서 향후 10년 또는 그 이상에 대해 분명한 정책 목표를 달성하도록 전략적 계획을 짜는 것이 불가능하다는 사실을 인정하는 일이다. 한 평론가는 이렇게 말했다. "현재는 혼란이다. 미래는 더 심한 혼란인데, 기본 좌표를 통제하기는커녕 예측할 수조차 없다."[6] 이 해독제는 기후주의의 오만을 해체하는 데 효과가 있다.

해체해야 하는 대상은 바로 1장에서 언급한 기후 논리 요소, 즉 미래를 세계적, 전방위 감시적, 과학적으로 통제하면 된다는 논리이다. 지구의 조종석에 들어앉은 전지적인 정신(또는 집단정신)이 있어서 그것이 세계적으로 계획된 좋은 성과를 달성하기 위해 문제를 지휘하고, 지구적으로 단일한 수치 목표를 달성했는지에 따라 성공 여부가 판가름 나는 그런 상황은 존재하지 않는다. 반대로 현실의 사회는 점진적으로 변화하는 과정에서 문제가 나타나면 대응하며, 또 그 과정에서 많은 실수를 저지르며 고군분투한다. 지구의 물리적·사회적 복잡성을 관리하겠다는 야심 찬 전망(유럽연합의 '데스티네이션 어스', 머신러닝, 인공지능 등을 막론하고)은 불가능한 희망이다. 그리고 미래와 통제 시스템을 향해 더 겸손한 마음가짐을 가질 때에야 과학 지식이 현명하고 정의로운 의사 결정을 위한 한 요소에 불과하다는 점을 인식하게 된다.

　사회적 티핑 포인트를 예로 들어 보자. 이런 전환점은 때때로 어떤 정책 수단에 대해 그것이 확실하고 전체 사회를 대대적인 사회 변혁으로 이끌 수 있다고 제멋대로 가정하는 데 사용된다. 이런 수단이 있다고 믿는 바탕에는 인간 행동을 충분히 알고 있어서 통제할 수 있고, 사회적·문화적 세계는 예측 가능한 것이라는 전제가 있다. 하지만 사회적 티핑 포인트에 대한 지식을 가지는 것이 설사 가능하다고 하더라도 초보적인 수준을 넘지 못한다. 예측한 결과를 가져올 행동 방침에 기존의 복잡한 사회 기술 시스템을 딱 맞게 연결시킬 방법을 정책 입안자들에게 조언할 수 있다는 확실한 증거는 없다. (비교적 예측이 가능한 바이러스 미생물학과는 대조적으로) 코로나19 팬데믹의 전염병학 모형은 인간 행동의 복잡한 사회문화적 역학을 포착할 수 없었다는 점도 우리가 이런 면에 경계해야 할 필요성을 보여 준다.[7]

　겸손으로 해체해야 할 기후주의의 오만을 보여 주는 또 다른 예는 '클라이언트어스(ClientEarth)', '지구의 벗Friends of the Earth', '굿 로프로젝트(Good Law Project)' 등 3개의 비영리 단체가 2022년에 영국 정부를 상대로 벌인 법적 소송이다.[8] 런던 고등법원에서 원고들은 2050년까지 탄소중립에 도달한다는 영국의 정책 전략이 개별 정책마다 배출량을 정확히 얼마나 감축할 것인지를 제시하지 않았기 때문에 2008년에 제정된 「기후 변화법」을 위반한 것이라고 주장했다. 이에 정부 변호인단은 정부 전략이 중간 날짜인 2035년까지 법적 의무 목표의 95%만을 달성할 것이며 부족한 이산화탄소 배출량이 약 1,000만 톤에 달한다고 인정했다. 13년 후 미래 전망치인 이산화탄소 1,000만 톤(영국의 현재 배출량은 약 3억 4,000만 톤이다)을 둘러싼 법정 다툼은 얼마나 많은 천사가 바늘 위에서 춤출 수 있는지를 토론하던 탁상공론에 매몰된 근대 초기의 난해한 신학 논쟁을 상기시킨다. 그것은 기후주의가 가진 정확한 수치 예측에 지나치게 의존하는 경향 그리고 기후주의의 통제에 대한 환상이 몰고 온 현학적인 소송이었다.

　이런 법정 소송은 상징적인 정치적 가치가 있을지는 몰라도 실질적인 가치는 없다. 전쟁, 전염병, 불황, 인플레이션, 기술 변화, 문화적 가치 변화 등 관련된 미래 돌발 상황에 대한 정부의 예측이 이렇게 정밀한 수준으로 미래를 통제할 수 있다고 어느 누가 믿겠는가. 이를테면 2020년에서 2021년 사이에 영국의 탄소 배출량이 2,000만 톤 상승한 것도 이런 통제 불가능을 보여 주는 한 예다. 정확한 목적지를 알아내거나 장담하는 일보다 여정이 향하는 방향이 훨씬 중요하다. 기후 변화와 관련해서 이 목적지는 먼 미래이고 거기에는 우리가 상상할 수 없을 정도로 심오한 불확실성이 있다. 심지어 그런 상상할 수 없는 미래에 경제 또는 지구의 희망적인 상태로부터 퇴행할 것으로 전망되는 경로를 제어하는 일은 더 어렵다. 이렇게 불확실성이 심한 상황에서, 국가 경제를 장기 목표의 5% 오차 범위 내에서 달성한다면 이는 사실 놀라운 성과라고 할 수 있다.

'벼랑 끝'은 없다

기후주의의 세 번째 해독제는 기후 시스템에 결정적인 '벼랑 끝'이 존재할 가능성이 희박하다는 사실을 인식하는 것이다. 있다고 해도 그런 벼랑 끝이 어딘지 우리가 미리 알아낼 가능성은 더 희박하다. '티핑 포인트'는 우리가 물리적 시스템의 비선형적 변화를 생각할 때 도움이 되는 유용한 비유이다. 하지만 그것은 비유적 표현일 뿐 문자 그대로 받아들여서는 안 된다.[9] 반대로 어떤 것들이 '반드시' 달성되어야 하는 모든 기한은 인간의 창작물로 인식되어야 한다. 그것들은 외부의 물리적 세계가 우리에게 전하는 명령이 아니다. 기후주의를 해체하려면 시한부주의의 횡포(그리고 그것이 유발하는 실패, 냉소, 무관심, 두려움의 감정)를 완화할 필요가 있다. 벼랑 끝이나 크레바스를 상상하는 것보다 사고에 더 도움이 되는 비유는 점진적으로 경사를 이루는 그림이다.

지구 온도가 0.1도 상승할 때마다 어떤 기후 변화 위험이 발생하고, 우리가 상승을 피하는 데 성공한 0.1도마다 그런 위험 중 일부가 줄어든다. 기후주의의 이런 해독제는 세상 속에서 인간의 창조적인 행동을 왜곡하거나 억제하는 심리적 두려움과 마비 증상을 완화한다.

이것에 관해 생각하는 한 좋은 방법은 저널리스트 맥스 로저Max Roser가 제안한 세 문장짜리 프레임을 사용해 보는 것이다. "세상은 끔찍하다. 세상은 훨씬 낫다. 세상은 훨씬 더 나아질 수 있다."[10] 이 문장들은 서로 상충하지 않는다. 로저가 설명한 대로, '우리는 더 나은 세상이 가능하다는 사실을 알기 위해서 저것들이 모두 진실이라는 것을 알아둘 필요'가 있다. 로저는 아동 사망률을 예시로 든다. 오늘날 세계적으로 15세 미만 어린이 590만 명이 매년 사망한다. 이것은 전체 어린이 수의 4.3%에 해당한다. *세상은 끔찍하다.* 하지만 대략 150년 전에는 전체 어린이의 약 50%가 '조기' 사망했다. *세상은 훨씬 나아졌다.* 그리고 로저는 현재 15세 미만 사망자 수가 전체 어린이의 0.45%에 불과한 유럽연합의 사례를 들이, 유럽이 이렇다면 원칙적으로 다른 곳에서도 이런 수치가 가능하다고 주장한다. *세상은 훨씬 더 나아질 수 있다.*

이런 단순화 모형을 기후 변화에 적용하면 우리는 벼랑 끝과 기한에서 멀어질 수 있다. 우리가 살고 있는 기후는 모든 가능한 기후 중 최상도, 최악도 아니다. 잉글랜드와 웨일스에서는 평균적으로 매년 더위 때문에 대략 800명의 초과 사망자가 발생하고, 추위로 인한 초과 사망자는 이 수치를 압도해 6만 명에 달한다.[11] 파키스탄에서는 2010년과 2022년 모두 홍수로 1,500~2,000명의 사망자가 발생했고, 2022년 유럽에서는 폭염으로 약 2만 명의 사망자가 발생했다. 기후 사망자 수는 규모가 크다. 20세기에 중국과 남아시아에서 가뭄으로 수백만 명이 목숨을 잃었다. 살아남은 사람들이 기억하기로 벵골만의 사이클론 때문에 수십만 명이 사망했고, 북해 남부 해안에서 발생한 홍수로 수천 명의 사망자가 발생했다. 이런 기후 재해로 인한 사망자는 예측 및 조기 경보 향상, 기반 시설 강화, 관리 시스템 효율성 향상 덕분에 최소 10배 이상 줄어들었다. 사회가 더 번영하면 극단 기상에 대처하는 능력도 향상된다. 기후 사망자 수는 크게 줄었다. 하지만 할 수 있는 일은 더 많다. 토지 이용 계획 및 구역 조정의 개선, 더 적응력이 뛰어나고 스마트한 인프라에 대한 투자, 휴대전화 기반 기술을 활용해 취약한 지역 사회에 실시간으로 공공 통신 경보를 제공하는 것 등은 기후 위험으로 인한 미래의 사망자 수를 훨씬 줄일 수 있다. 기후 위험이 강도와 지리적 규모에서 변화하더라도 말이다. 기후 사망자 수는 훨씬 더 줄어들 수 있다.

이런 사고방식은 우리가 시간 부족이나 종말과 멸망론의 사고에서 벗어나, 가능성과 해방의 언어를 채택하게 만든다. 무엇보다도 그것은 10대와 젊은이들이 느끼는 그들의 세대가 망했고 미래가 없다는 메시지의 강도를 약화시킨다. 대신 세대 전체적으로 그들의 삶이 부모와 조부모 세대의 삶보다 더 나을 수 있다는 희망의 메시지를 던진다. 확실히 조부모와 부모 세대(그리고 우리들)는 기후에 발생하는 이 지속적인 변화를 촉발했다. 하지만 인간의 독창성과 노력은 미래 온난화의 정도를 제한할 수 있고, 그 결과로 나타나는 변화에 적응하기 위해 새로운 기술과 전략을 개발할 수 있다. 기후주의의 대안은 청소년과 젊은이에게 실패와 종말의 메시지를 반복하는 대신에, 젊은이들이 '훨씬 더 나아질 수 있는' 미래 세상에 기여하도록 동기를 부여하는 일이다.

가치의 다원성

이어지는 네 번째 해독제는 서로 다른 정치적 조직의 내부에서, 그리고 조직들 사이에서 징치적 가치와 개인적 선호의 다양성이라는 숨 쉴 공간을 허용하는 것이다. 우리가 '기후 변화에 달린 것이 인류의 멸종이나 문명의 붕괴, 수십억 명의 무고한 죽음'이 아니라는 것을 깨닫는 순간[12](혜성은 지구로 돌진하고 있지 않다), 기후 변화에 대응할 방안을 설계할 때 반드시 탐색해야 하는, 타당하고 상호 경쟁하는 인간의 가치들과 정치적 타협이 존재한다는 사실이 보인다. 기후 변화가 제기하는 문제는 결국 가치에 관한 것이기 때문에, 필수적으로 가치 다원주의를 염두에 두어야 한다.[13]

'가치 다원주의'는 도덕철학과 정치철학에서 역사가 깊은 개념인데, 1969년 이사야 벌린Isaiah Berlin의 저서 《자유론》을 계기로 크게 부각되었다. 벌린은 우리가 인간인 이상 '경쟁하는 가치들' 사이에서 선택하는 일이 필연적이라는 사실을 직시했다. 내가 말하고 싶은 것은 기후 변화에 대해 개인이나 집단이 표방하는 가치가 단 하나인 것도, 끝없이 많은 것도 아니라는 사실이다. 그저 가짓수가 많을 뿐이다. 이를테면 미래 세대의 이익과 현세대의 이익 사이에서 어떻게 균형을 잡을지, 중앙집권적 통치 형태와 분권적 통치 형태 중 어느 것을 고를지, 위험을 무릅쓰는 경영과 예방적 경영 전략 사이의 어느 지점에 균형을 맞출지 등은 가치가 얽힌 판단이고 이는 다양한 결과로 이어질 수 있다. 이런 질문에 대해 행위자들이 제시하는 다른 가치들이 조화되는 일은 거의 없고, 심지어 같은 기준으로 평가받기도 어렵다.

기후주의 이념은 너무 당연하게 인간의 지식, 도덕, 전략을 한데 묶을 수 있는 단일하고 보편적인 서사가 있다고(더 정확히 말하자면 '있어야 한다고') 가정한다. 자주 듣게 되는 세 가지 선언을 예로 들어 보자. "과학은 확실하다. 기후 변화는 실재한다.", "기후 변화는 인류가 직면한 가장 큰 도전이다.", "기후 변화는 도덕적 문제이다." 4장에서 다루었듯이 기후주의 이념은 이 세 가지 기본적인 주장을 하나의 통일된 거대 서사로 연결하고 싶어 한다. 영국에서는 그런 열망이 잘 드러나는 사례를 다음 세 주체가 머리를 맞대는 집단 사고에서 찾을 수 있다. 집단적인 거대 서사를 집필하는 세 작가는 국방 전문가, 에너지 전략가, 시스템 분석가들이다. 이들은 기후 변화 문제에 대처하기 위해서 하나의 보편적이고 전략적인 서사(정부, 기업, 시민 사회 사이에서 유기적으로 생성되고 장려되는 역동적이고 설득력 있는 서사 체계)를 설계해야 하는데, 그 서사가 전 세계의 관련된 청중을 하나로 통합하고 그들에게 동기를 부여하리라 믿는다. 이렇게 통합된 서사는 다양한 문헌과 프로젝트들을 모아 하나의 응축되고 조화된 그리고 효과적인 메시지를 만들 것이다. 한 걸음 더 나아가 그들은 이런 신념을 표방한다. "정부가 주도하는 반복적인 서사 형성 과정이 시작되어야 하는데, 그 절차에 최대한 많은 이해관계자를 참여시켜야한다. 이런 과정을 반복한 결과로 간명하고, 이해하기 쉽고, 설득력 있는 서사가 도출될 것이며, 그러면 이해관계자들이 알아서 그 서사를 전파할 것이다."[14]

이런 시각은 파편화된 세계의 지정학적 현실을 생각할 때 어림도 없고, 가치 다원주의와도 상충한다.

이와 같은 기후주의적 사고의 반대편에 '투박한 해결책' 개념이 있다. '사악한 문제들'이 발생하자 그 결과로 1990년대에 등장한 개념이다. 사악한 문제에는 단일한 전략적 서사가 존재하지 않을뿐더러, 한 곳으로 수렴하는 일련의 가치들에 근거한 해결책도 없다. 더 많은 경험적 연구로도, '최적화를 추구하는 합리성'으로도 해결되지 않는다. 기후 변화와 같이 개별 국가 영역을 초월하고 다수의 상충하는 정치적 이해관계를 움직여야 하는 사악한 문제의 경우는 해결하기가 더 어렵다. 투박함(그리고 비슷한 맥락의 실용주의)은 기후 변화와 같이 사악한 문제의 정체를 밝히고 해석의 틀을 짜는 것과 관련해 다양한 주체들이 있다는 점과, 정치적 주체와 기관들이 그 사안에 제기할 다원적인 가치가 필연적으로 존재한다는 사실을 인정한다.[15]

가치 다원주의는 결과적으로 기후 변화를 여러 문제 중 한 가지가 되도록 만든다. 다양한 가치가 이끄는 서로 다른 이해관계를 기진 집단들은 저마나 우선순위도 다를 것이다. 아동 건강, 빈곤 퇴치, 기아 종식, 양성평등, 경제 안정, 생계 자율성, 해양 생물 보존 등 지속가능발전목표에서 언급된 항목들이 그런 예다. 이런 우선순위의 이면에는 가치들이 존재하는데, 기후주의의 위험성은 그 다양한 가치들을 짓밟는다는 점이다. 기후주의는 '기후 변화 억제'가 다른 모든 사안보다 우선한다고 선언한다. 이것의 해독제는 정당한 관심사와 가치 전통, 정치적 우선순위가 다양하다는 사실을 인정하는 것이다. 세계적으로, 그리고 통일된 해결책을 굳이 찾으려고 하지 않고 그런 다양한 주장이 분명히 제 목소리를 낼 수 있게 하는 것이다. '하나의 전략적 기후 서사'를 찾는 노력보다 더 중요한 것은 가치 다원주의를 어떻게 다룰지 합의된 절차를 모색하고, 의견 불일치 속에서 문제를 해결할 방법을 찾는 일이다.

목표 다원화[16]

가치 다원주의를 인정하고 존중하면 다섯 번째 해독제를 향한 길이 열린다. 지구 온도나 탄소중립 등의 추상적 계량 분석과 과학화된 전 지구적 대리 지표를 달성하는 일에서 벗어나 정책 목표를 다각화하는 것이다. 가치 다원주의는 목표 다원주의를 부른다. 기후주의를 해체할 이 해독제는 지역적 맥락이 있는, 그리고 특정 사회생태학적인 복지 결과와 직접 관련된 다양한 정책 목표를 설계 및 홍보하고 그런 목표들에 자원을 투입하는 것이다.

숲을 예로 들어 보자. 2021년에 글래스고에서 열린 제26차 유엔기후변화협약 당사국총회(COP26) 당시 탄소중립 야망에 대한 헌신을 서둘러 보여야 한다는 압박감에, 당사국들은 열대 및 아열대 지역에 초점을 둔 삼림 벌채를 방지하는 광범위한 연합을 만들고 향후 4년간 120억 달러를 투입하기로 했다. 하지만 숲은 탄소를 잡아 땅속에 잡아 두는 '탄소 싱크대' 역할만 하는 것이 아니라 다른 효과도 있다. 남반구의 많은 저개발 지역 사회에게 숲에서 채취한 목재는 수입원이자 에너지원이다. 온건한 목재 채취 방법은 다양하다. 세계의 가난한 인구에게는 그것이 필수적이고, 그런 방법을 쓰면 삼림 생태계도 온전히 유지된다. 어설프게 기획되고, 제도적으로도 효과가 없으며, 과학적 근거도 없는 전면적 벌목 금지는 그런 사람들을 '지하'로 내몬다. 수많은 취약한 인구 집단의 생계가 하루아침에 불법이 된다. 세계적으로 빈곤에 시달리는 사람들과 그들의 숲을 위해서, 기후 과학과 기후 정책은 삼림 벌채로 발생하는 탄소 배출을 경쟁하듯 줄이느라 이런 사람들을 잊어서는 안 된다.[17]

내가 주장하는 기후 실용주의는 지속가능발전목표의 지붕 아래에서 구체화한다. 국제 협약과 정치적 정당성 측면에서 지속가능발전목표는 기후 변화에 관한 파리협정 수준의 힘과 긴급성을 지니고 있다. 유엔 193개국은 만장일치로 '2030 어젠다'를 채택하고 2030년까지 지속가능발전목표를 달성하는 데 최선을 다하기로 합의했다. 기후 변화 대응책을 마련할 때 탄소중립에만 초점을 맞추지 말고 지속가능발전목표로 대표되는 다양한 복지 및 생태학적 목표를 먼저 고려하면 정책 동반 상승 효과와 정치적 균형을 탐색하는 일이 한결 쉬워질 것이다. 그렇게

함으로써 저마다 다양한 정치적 우선순위와 문화적 가치를 표현하고 협상하는 일이 수월해질 것이고, 다양한 척도를 가진 분야별, 실용적 정책으로 세분되는 정치적 절차가 창의적으로 작동할 것이다.

가치 다원주의 및 정당한 정치적 관심사의 다양성(지속가능발전목표로 대표되는)과 더불어 작용할 때, 기후 실용주의는 인위적 기후 변화로 세계가 직면한 도전을 바라보는 우리의 시각에 새로운 빛을 던진다. 기후 실용주의는 서로 다르거나, 꼭 맞아떨어지지 않는 정치적 이해관계들을 조정하는 방법을 인정하고 모색하기 때문에, 기후주의 이념보다 훨씬 강한 전략을 제공한다. 또한 하나의 행동에 다원적 정당성이 부여되므로 더 견고하다. 기후 실용주의는 기후 미래에 관한 과학 예측이나 세계 종말에 관한 종말론적 수사, 전쟁을 벌이는 양측으로 나뉘는 마니교적 세계관에 의존하지 않는다.

또 다른 예로 에너지 시스템 탈탄소화를 생각해 보자. 기후 실용주의는 이 문제의 성격을 '기후 변화 억제'라는 단일 초점에서 '다양한 초점'으로 뒤바꾼다.[18] 탈탄소화는 단순히 이산화탄소 배출량을 줄이는 것보다 훨씬 더 큰 의미가 있다. 탈탄소화는 많은 취약 계층의 건강 지표를 개선하고, (국가적·지역적으로) 에너지 안보를 증진하며, 에너지 서비스의 소유권을 더 다양한 수준으로 확대한다. 이런 관점은 예미 오신바조Yemi Osinbajo 나이지리아 부통령의 기고문에서 잘 드러난다. 나이지리아의 인구는 현재 약 2억 2,000만 명이고 2050년에는 4억 명에 이를 것으로 예상된다. 오신바조 부통령은 탄소 기반 연료에서 벗어나는 세계적 전환은 국가별로 차별적인 경제 상황을 고려해야 한다고 주장했다.

천연자원은 풍부하지만 여전히 에너지 빈국인 나이지리아 같은 나라들에게 이 전환이 국민과 도시, 산업을 지탱할 저렴하고 안정적인 에너지를 희생하는 것이 되어서는 안 된다. 이와 반대로 포괄적이고, 공평하고, 정의로운, 말하자면 2015년 파리협정과 같은 국제 조약들이 명시한 대로 지속 가능한 발전 및 빈곤 퇴치에 대한 권리를 보존하는 것이어야 한다. 나이지리아와 다른 아프리카 국가들은 탄소중립 미래를 위해 헌신하고 있다. (…) 하지만 기후 변화에 대한 우리이 헌신은 에너지 니즈와 별개로 둘 수 없다. 정의로운 세계적 에너지 전환에 아프리카가 참여하는 것은 당연하나, 그것이 아프리카 사람들의 풍요로운 미래를 누릴 권리를 부정할 수는 없다.[19]

오신바조는 나아가 탈탄소화의 편협한 기후주의 관점에 의문을 던진다. 그는 부자 나라들은 아프리카 경제 발전을 저해하는 대신에, '아프리카의 에너지 생산자들이 탄소중립으로 가는 교두보인 핵심 천연가스 프로젝트, 또한 재생 가능 에너지 프로젝트, 그리고 그것들을 관리할 현대적 설비에 요구되는 자금을 확보하는 일'에 힘을 보태라고 꼬집었다.

또 다른 예로 호주 문화지리학자 캐럴 파벗코Carol Farbotko가 제기한 문제가 있다. 사회 정의 문제(예를 들면 지속가능발전목표 중 '목표 1(빈곤 퇴치)', '목표 6(깨끗한 물과 위생)', '목표 8(양질의 일자리 보장)', '목표 10(불평등 감소)' 등)에 대해 충분히, 폭넓게 고려하지 않고 탄소 배출 감소에만 집착하면 경제적 약자와 사회적 소외 계층을 더 큰 위험에 빠트릴 가능성이 있다. 파벗코는 한 기고문에서 이렇게 지적했다. "이들은 이미 재정과 기후 측면으로 이중의 위험에 처해 있다. 가장 최근에 생긴 위험은 요즘 떠오르는 기후 금융 메타 시스템의 위험 계산에서 제외되거나, 피상적으로만 포함될 위험이다."[20]

짚고 넘어가기

📌

기후 변화가 전부는 아니다

이 장에서 내가 주장한 내용에 대한 확실한 비판 중 하나는, 내가 말하는 '기후 실용주의'로는 지구 온도 상승을 1.5도와 2도 사이에서 안정화한다는 파리협정의 목표를 달성할 수 없을지도 모른다는 반론일 듯하다. 그렇다. 달성하지 못할 수도 있다. 그러나 이것이 내가 기후주의에 항의하려는 핵심이다. 기후 변화가 전부는 아니다. (온갖 수단을 쓰고 어떤 희생을 치르든) 지구 온도가 1.5도 수준으로 안정화한 다른 어떤 세계보다 지구 온도가 2도 이상 상승했으나 인류의 복지와 정치 안정, 생태적 온전성 측면에서 더 '나은' 미래 세계를 상상하는 일은 어렵지 않다.

지속 가능한 발전의 개별 목표들 사이에서, 그리고 지속가능발전목표와 지구 온도 안정화 사이에서 절충은 불가피하다. 모든 목표를 이룰 수 있는 것은 아니며, 하물며 모든 목표를 동시에 이루는 일은 불가능하다. '윈윈 전략'에도 한계가 있다. 몇몇 지속가능발전목표, 이를테면 빈곤 퇴치(목표 1), 양질의 교육 보장(목표 4), 경제 성장과 양질의 일자리 보장(목표 8) 등은 특히 아프리카와 남아시아 지역에서 수십억에 달하는 인구에게 저렴하고 안정적인 에너지 서비스를 확대하기를 요구할 것이다. 예미 오신바조 부통령의 말대로 탄소중립 에너지로는 그런 서비스가 완전히 제공되지 않는다.

기후주의의 문제는 지구 온도를 다른 모든 목표보다 우선시하는 까닭에 이런 절충안을 찾는 일이 방해받는다는 점이다. 심지어 그런 절충안을 논하는 것조차 패배주의적이라고 생각하는 사람들도 있다. "기후 변화 억제는 다른 무엇보다 우선하여 우리가 추구해야 하는 과제이다." 파리협정은 지속 가능한 발전과 빈곤 퇴치를 위한 노력의 맥락을 '인식'할 뿐, 무엇이 성공인지에 관해서 입장이 확실하다. 바로 지구 온도 상승을 1.5도에서 2도 사이 범위에서 안정화하는 것이다. 나는 기후주의가 주장하는 성공의 적도보다 더 포괄적인 척도가 필요하다고 주장한다. 지속가능발전목표들을 파리협정의 기후 목표보다 우위에 놓을 필요가 있다. 지속가능발전목표들은 지구 온도, 탄소 예산, 탄소중립에 대해 과학적 설명을 제공하며, 이것은 종종 숨겨진 가치 또는 무언의 가치를 나타내는 대리자 역할을 한다. 기후주의의 추진력은 앞뒤가 바뀌어야 한다. "우리는 지속가능발전목표들을 달성하는 것을 목표로 하며, 그것은 지구 온난화라는 맥락을 인식하는 가운데 추진된다."

요약

6장에서 나는 인간사와 관련된 기후 변화의 중요성에 관해 사고하는, 기후주의 이념이 권하는 것과는 다른 한 방식을 제시했다. 기후주의를 해독할 다섯 가지 방법, 또는 교정책은 지구 시스템 예측이 가진 한계와 더 일반적인 의미로 미래에 관해 인간이 가질 수 있는 지식의 한계를 인정한다. 그것들은 지구와 인류의 미래를 체계적으로 통제하겠다는 환상에 의문을 던진다. 정신을 아득하게 만드는 종말에 처한 벼랑 끝의 이미지나, 이와 관련해 '남은 시간이 '○'년밖에 없다'와 같은 수사의 힘을 누그러뜨린다. 세계에 관해 더 실용적이고 다원적인(더 집중적인) 개입을 할 수 있다는 가능성이 그런 이미지와 수사를 대체한다. 해독제를 쓰면 기후 변화가 야기하는 도전(있는 그대로의 모습인)과 미래 기후 변화 규모를 억제하려는 우리의 열망은 위치가 분명해진다. 그것들은 지속가능발전목표에서 포착된, 지속 가능한 인간 복지와 생태 복지에 관해 우리가 느끼는 필요성에 종속된다. 종합하자면 결국 이 해독제는 기후주의 이념보다 국제 협상과 국가 의사 결정의 정치적·지정학적 현실을 더 잘 인식하는 틀이다.

독일 재상 비스마르크Otto von Bismarck는 "정치는 가능한 것과 얻을 수 있는 것의 예술, 즉 차선책의 예술"이라고 했다. 나는 기후주의가 아닌 기후 실용주의야말로 그런 예술을 가꾸는 최선의 방법이라고 믿는다.

그럼에도 예상되는 반박들에 대하여

제7장

기후 변화가 전부는 아니다

지금까지 기후주의가 전부가 아니라고 말하기 위해 내가 전개한 주장은 강한 반향을 불러일으킬 수도 있다. 혹자는 이 책과 기후주의에 반박하는 내 입장을 기후 과학의 신뢰성을 깡그리 부정하는 데 이용할 것이다. 또 누군가는 정치 논쟁과 정책 개발의 장에서 기후 변화에 대한 우려를 소외시키거나 심지어 없애버리기 위한 정당화로 이 책을 이용할지도 모르겠다. 나는 위의 두 입장에 전적으로 반대한다.

　다른 한편으로 내 서술에서 생태경제학자 윌리엄 램William Lamb을 필두로 하는 일군의 작가들이 최근 '지연 담론'이라고 이름 붙인 것의 흔적을 찾는 사람들도 있을 것이다.[1] 그들에 따르면 기후 지연 담론은 의도적으로 '기후 행동'을 저지하려고 하는데, 여기시 기후 행동이란 기후 변화를 완화하기 위한 사회 변화 정책과 캠페인을 의미하는 듯하다. 이 개념의 지지자들은 지연 담론자들의 유형을 다음 네 가지 범주로 구분한다. 첫째로 타인에게 책임을 전가하는 유형, 둘째로 비전환적인 해결책을 밀어붙이는 유형, 셋째는 기후 정책의 단점을 강조하는 유형, 마지막으로 기후 변화의 불가피성에 굴복하는 유형이다. 이렇게 주장하는 저자들은 이 중 하나 이상의 태도를 가진 사람을 '기후 지연론자'로 불러야 한다고 주장한다. 이 용어는 '기후 부정자'만큼 혐오에 가까운 어조는 아니지만, 여전히 경멸을 담고 있다. 그들에 따르면 기후 지연론자는 '최소한으로 (기후에 관해) 행동할 것을 주장'하고, '기후 정책의 부정적인 사회적 영향'에 이목을 끌며, '(기후) 완화가 가능한지에 대해 의심을 제기'하는 사람들이다. 기후 지연론자들은 성립하지도 않는 정치적 입장들을 홍보하는데, 그런 입장들에 속지 않도록 대중은 '경고'를 받아야 하고, '그들이 의도한 효과를 얻지 못하도록 대중을 보호하는 예방 전략'을 사용함으로써 그것들을 극복해야 한다는 것이다.

이런 논의를 염두에 두고 내 주장을 '기후 지연론'의 범주에 넣는 독자들도 있을 듯하다. 그들은 내가 '기후 정책에 대한 대중적, 정치적 지지를 훼손'하고, '야심 찬 기후 행동'의 방향을 흩트리고 사기를 꺾는다고 비난할 것이다. 어쩌면 이 책을 '기후 위기에 대한 그릇된 해석'이자 '지구 온난화의 극적인 속도와 그것이 초래할 영향의 심각성'을 전달하지 못한 실패작으로 볼 것이다. 심지어 '후손 살해'라는 (사변적인) 국제 범죄 명목으로 나를 고발하고 싶은 사람이 있을지도 모를 일이다(이에 관해서는 5장을 참고하라).

최선의 기후 변화 대응책을 찾는 논의에 의견을 보태는 사람들의 신뢰성을 이런 식으로 훼손하는 데서, 우리는 램과 그의 공동 저자들이 지닌 마니교적 세계관을 확인한다. 이것은 기후주의가 사람들을 매료시키는 한 특징으로 4장에서 확인한 바 있다. "우리 편이 아니라면 당신은 지연론자이다." 책임감, 타당성, 효율성, 정의, 급진 대對 점증주의, 강제성, '무임승차자', 그 외 여러 사안에 관한 질문들이 기후 정책에 관한 공공 논의에서 제기되는 것이 중요하고 필요하다는 것을 인정하기보다, 그들은 그런 목소리를 낸 사람들을 블랙리스트로 만드는 방식으로 이런 걱정거리들을 없애고 싶은 듯하다. 이 저자들이 드러내는 이런 태도가 내가 5장에서 지적한 기후주의의 탈정치적이고 반민주적인 경향이다.

몇 차례 〈짚고 넘어가기〉를 통해 기후주의에 반대하는 내 주장에 대해 제기될 만한 몇몇 비판에 대응했다. 이제 이 마지막 장에서 내 입장에 대해 예상되는 비판에 더 직접적으로 응수하려고 한다.

비판 1. 기후 과학은 헛된 공포를 조장하지 않는다

: "당신의 주장은 기후 과학과 기후 사회과학(어쩌면 심지어 IPCC까지도)이 공포조장주의적alarmist이라는 말로 들린다. 그 말은 기후 변화 예측과 기후 영향 전망이 과장되었다는 소리 아닌가?"

그렇지 않다. 나는 이런 노골적인 의미로 주장하는 것이 아니다. 하지만 나는 과학 지식이 주장하는 바를 해석할 때 주의를 기울일 것을 촉구한다. 이런 면에서 기후주의에 반대하는 내 주장은 두 부분이다. 첫째, 나는 미래 기후와 그로 말미암아 발생하는 영향에 대한 예측에 내재되어 있으며 결코 피할 수 없는 불확실성이 있다는 점을 지적한다. IPCC 역시 이것을 잘 알고 있으며, 수년간 이런 불확실성의 단계를 전달할 언어를 신중하게 개발해 왔다(신뢰도는 5단계, 가능성은 10단계로 구분된다-옮긴이). 이를테면 기후 변화 과학과 관련해 가장 최근에 발행된 2021년 IPCC 보고서는 지속적인 아마존 우림 벌목이 21세기가 끝나기 전까지 '티핑 포인트'를 넘겨 아마존 지역 생태계를 가뭄 상태로 만들 것이라고 서술했다. 하지만 IPCC는 이 서술의 '신뢰도가 낮다'고 판단했다. 마찬가지로 IPCC는 (전문 용어로 대서양 자오선 역전 순환류(AMOC)라고 불리는) 멕시코만류의 붕괴는 '가능성이 매우 낮다'고 서술했다. 반면, 북반구의 적설 면적은 기후 온난화로 줄어들 것이 '사실상 확실'하며, 대부분의 지역에서 폭염의 빈도와 강도가 높아진다는 예측은 '신뢰도가 높다'고 여겨졌다.

따라서 기후 시스템의 변화가 초래하는 여러 측면에 대한 과학적 신뢰 수준이 다양하다는 점에 주의를 기울이는 것이 중요하다. 어떤 변화는 '사실상 확실'하고, 어떤 변화는 '신뢰도가 낮다'고 판단되며, 어떤 변화는 '알 수 없음'의 영역에 있다. 과학 탐구는 언제나 물리적 세계를 더 잘 이해하는 쪽으로 다듬어 나가지만, 그 경로가 더 큰 명확성과 확실성을 향한 또렷하고 곧

은길은 아니다. 어떤 발견이 잠정적인 수준이기 때문에, 또 다른 발견을 통해 가설의 흐름이 더 복잡해지거나 다른 질문을 던지는 일이 필요할 때까지 다시 분석하고 수정하는 '지그재그'나 '유턴'이 생기는 일은 흔하다. 과학 탐구가 진행될수록 반드시 미래가 더 명확해지고 미래 예측이 수월해지는 것은 아니다. 사실상 더 불확실하게 보일 수도 있다. 말하자면 더 많이 알면 알수록 이야기의 줄거리가 다양해지는 것이다. 이것을 정확히 보여 주는 사례가 메탄 배출원을 둘러싼 일이다. 2000년대에 안정화된 후, 대기 중 메탄 농도는 최근 몇 년간 더 악화했다. 하지만 메탄 배출원일 가능성이 높았던 기존에 확인된 출처들로는 이 현상을 설명할 수 없었다. 따라서 과학자들은 최근 가속화의 이면에 숨은 이유를 찾아내려고 노력해 왔다. 색다른 가설들(높은 강우량 혹은 온도 상승에 영향을 받은 열대 습지, 대기 중 메탄가스의 화학적 분해율 감소 등)이 진위를 두고 겨루고 있지만 이 문제는 아직 해결되지 않은 채로 남아 있다.

두 번째로, 나는 각종 과학에 관한 사회학 연구를 통해 확립된 사실 한 가지에 여러분이 주목하기를 바란다. 이른바 과학자들이 설정하는 질문과 그들의 발견(그리고 그 발견에 따라 그들이 제공하는 예측)은 언제나 과학자들이 활동하는 정치적·문화적 맥락이라는 조건에서 벗어나지 않는다는 점이다. 우리가 물리적 세계의 어떤 부분에 대해 무지한 채로 머물러 있는 까닭은 우리가 질문을 던지지 않았기 때문이다. 즉 실천과 과학 지식은 개인적 또는 집단적 의제를 파고들 것을 요구하는 다양한 내적·외적 압력에 노출된다. 과학사학자 스티븐 샤핀Steven Shapin이 2010년에 동명의 책으로 쓴 인상적인 구절처럼, 과학은 그러므로 '절대 순수하지 않다(《Never Pure》)'.[2] 이러한 압력들은 물리적인 세계가 어떻게 작동하는지 이해하기 위한 강력한 도구일 뿐, 과학의 신뢰성을 훼손하는 것이 아니다. 다만 집단적·사회적 추진체로서의 과학은 그러한 영향으로 지나치게 왜곡될 가능성이 있으니 항상 경계를 늦추지 말아야 한다고 경고한다. 이것을 인지하면 과학에서 도출되는 모든 주장을 문자 그대로 진리로 해석하지 않도록 주의를 기울일 수 있다. 우리는 과학적 주장을 신중하게 판독하고 비판적으로 따져야 하며 오직 잠정적으로만 수긍해야 한다. 앞서 이런 압력이 그 자체로 보수적이기 때문에 '기후 과학이 '가장 극적이지 않은 결과에 안주하는 실수'를 저지를 가능성이 높다'는 일각의 주장을 보았다.[3] 3장에서 제시한 몇몇 사례가 증명하듯이, 나는 정반대의 위험이 일어날 가능성이 더하면 더했지, 적지는 않을 것으로 주장하고 싶다.

비판 2. 기후 변화는 실존적 위험이다

: "당신 주장대로 기후 변화가 '삶의 조건'이라면 우리는 다른 모든 것을 제치고라도 기후 변화를 막는 목표를 우선순위에 놓아야 한다. 기후 변화는

생명에 대한 실존적 위험이다."

　나는 기후 변화에 관해 이렇게 말하는 사람들이 있다는 것을 안다. 이를테면 2018년에 안토니우 구테흐스António Guterres 유엔 사무총장은 기후 변화에 관해 "우리는 직접적인 실존적 위협에 직면했습니다"라고 단도직입적으로 선언했고, 영국 컴브리아 대학의 젬 벤델Jem Bendell 교수는 "단기간 내 사회 붕괴는 불가피하다"라고 결론 내리는 어떤 공동체가 성장하고 있다고 언급했는데, 그 공동체는 아마도 벤델 자신이 소속된 곳인 듯하다. 인류가 단체로 자살 방지 요원이 될 처지에 놓여 있다던 미국 칼럼니스트 톰 엥겔하트Tom Engelhardt도 있다. 그는 "나 같은 늙은이도 아무리 시작 단계라 해도 결국은 반드시 자살이 되고 말 결정을 내리는 인류의 모습을 보고 있자니 무섭다"라고 말했다. 유니버시티칼리지런던의 명예교수 빌 맥과이어Bill McGuire는 저서《기후 변화, 그게 좀 심각합니다》에서 기후 붕괴를 필연적이고 무서운 일로 보는 듯하다. 자기 견해를 부정하는 사람들에게 그는 '기후 아부자appeaser'라는 이름표를 붙였다. 맥과이어 교수는 기후 멸망론자 중에서도 가장 강성인 축에 속하며—그는 독자들이 겁내기를 원한다—, 그가 제시하는 미래 풍경에서 희망의 흔적을 찾기는 어렵다.[4]

　하지만 나는 이렇게 기후 변화를 둘러싼 담론에 널리 퍼져 있는, 기후주의를 부추기는 '멸종주의'와 사회 붕괴에 관한 예언이 옳지 않다고 생각한다. 5장에서 증명한 대로 그것들은 비생산적이기도 하다. 그뿐 아니라 오늘날 전 세계 사람들이 노력하는 발전, 정의, 평화 구축, 인도주의적 프로젝트에도 해롭다. 4장에서 강조했듯이 현재 진행 중인 기후 변화는 지구로 돌진하는 혜성 같은 것이 아니다. 기후 변화가 인류 멸종과 인간 문명의 붕괴를 가져온다는 데에는 어떤 견고한 과학적·역사적 증거도 없다. 기후는 모든 지각 능력이 있는 생명체가 끊임없이 적응하는 대상인, 그 자체로 계속 변화하는 조건이다. 적응은 불완전하고, 균일하지 않으며, 속도도 제각각이고, 위험과 죽음의 가능성이 언제나 도사리고 있다. 하지만 적응은 생태계가 변화에 응수하는 자연스러운 반응이며, 사회 시스템이 변화에 대응하며 적응하는 것이 자연스러운 것과 마찬가지이다. 가령 산호는 변화하는 환경 조건에 재빨리 적응한다. 산호 유기체가 특정 환경에서 물리적으로 살아남는 데 도움이 된 유전자는 자손에게 전달될 것이다. 해양 온난화 및 산성화 속도가 이런 자연 적응 과정을 어렵게 만들 수도 있지만, 새로운 유전 기술은 자연적 진화 과정의 속도를 높이는 역할을 할 수 있다.[5] 사회 체계 역시 변화하는 환경 여건에 끊임없이 적응하는데, 이를테면 조기 경보 시스템이라든가, 건물 냉방을 돕는 혁신적인 스마트 물질, 또는 토지 사용 구획을 새로 조정한다든가 하는 식이다.

다시 한번 강조하지만, 내 말을 오해해서는 안 된다. 기후 때문에 생명이 죽고, 기후 변화는 실존한다. 기후 변화로 생기는 위기는 심각하다. 이런 위험을 줄이는 노력, 적응 방안을 찾는 노력은 중요하다. 하지만 기후 변화는 인간 생명을 싹 쓸어버리지 않을 것이며, 지구상 모든 생명은 말할 것도 없다. 그리고 기후 변화로 인한 연간 사망자 수가 심장 질환이나 폐 질환, 치매나 심장마비 같은 비전염성 질병으로 사망하는 사람들의 수를 능가하는 날이 올지도 의문이다. 기후 변화는 불균등한 영향을 미치는 중대한 위험이지만, 집단적인 의미로 실존에 대한 위험은 아니다. 우리가 관심을 기울여야 하는 위험은 맞지만, 핵전쟁이나 전염병 대유행, 예방할 수 있는 영유아 사망률, 파탄 국가, 대기오염 등과 같이 현존하고 있고 문제로 떠오르고 있는 다른 위험들의 맥락에서 대응되어야 한다. 기후 변화 때문에 인류가 멸종 위기에 처했다는 신념에 불을 붙일 때, 붕괴를 막을 수 있는 시간이 몇 년밖에 남지 않았으므로 영구적인 기후 비상사태를 선언하는 것이 옳다고 주장할 때에 기후주의는 위험한 이념으로 변신한다. 이 위험한 발언은 그릇된 결과를 부르는 외눈박이 기술적 해법으로 향하는 문을 연다. 우리는 이것을 5장에서 살펴보았다.

비판 3. 일반적으로 암시하는 것보다 정의는 기후 변화 활동

옹호론에서 훨씬 더 중심적인 요소이다

: "소위 '기후주의'라는 것에 대한 당신의 비판은 기후 활동가들이 지구 온도 목표와 탄소 배출량 넷제로를 달성하는 데 집착하는 나머지 정의, 형평성, 배상과 같은 더 광범위한 문제들을 전혀 보지 못한다는 소리로 들린다. 기후 변화 활동은 당신이 주장하는 것처럼 목표에 함몰되어 있지 않다. 그 것은 또한 수단에 관한 것이기도 하다."

기후 변화 억제를 위한 활동에 매진하는 많은 사람이 기후 변화에 복잡한 정치적·사회적·역사적 원인이 있다고 지적하는 것은 사실이다. 그들은 기후 변화를 정의의 문제로 틀을 짠다. 이를테면 정치이론학자 엘리자베스 크립스Elizabeth Cripps[6]는 최근 저서《기후정의란 무엇인가? 우리에게 기후정의가 중요한 이유 (What Climate Justice Means and Why We Should Care?)》에서 기후 변화 가 '식민주의, 노예제, 억압과 기본 인권에 대한 체제적 무관심' 의 결과이므로 책임 당사자들이 행동해야 할 가장 큰 의무를 진 다고 언급했다. 하지만 그런 목소리를 내는 사람들 중 다수가 기 후 변화를 억제하는 일이 인류가 마주한 가장 중요한 도전이라 는 기후주의적 선언에도 동참한다. 그들은 지구 온도를 일정 수 준으로 조절하려면 탄소 배출량 넷제로를 특정 날짜까지 달성 하는 것이 무엇보다 우선적인 과제라는 기후주의적 주장에서 행동의 지침을 얻는다. 기후 행동의 목적이 이 '목표'를 달성하는 데 있음을 강조하면 거기에 도달하기 위해 사용되는 '수단들'을 치밀하게 따져 보는 일은 뒷전으로 밀린다.

IPCC가 2022년 4월에 제2실무그룹의 제6차 보고서를 발간한 날, 로이터는 뉴스 기사를 통해 이런 긴장을 정확하게 전달했다.[7] 로이터는 보고서 중 온실가스 감축 노력이 '정당한 방식'이어야 하고 '국가들이 가진 다른 핵심 우선순위(이를테면 저소득 국가의 발전)'를 어떻게 할지 검토해야 한다는 요구 사항에 주목했다. IPCC 보고서의 저자 278명 중 한 명인 파티마 덴턴Fatima Denton은 이렇게 언급했다. "배출량이 여러 경제권에 걸쳐 신속히, 큰 폭으로 감축하는 일이 '정의를 희생하고, 빈곤 퇴치와 사람들의 공동체 의식을 희생한 대가'로 달성된다면 모든 일은 시작점으로 다시 돌아가는 겁니다."

이것이 기후주의가 초래하는 시야의 협소화에 대한 해독제로, 내가 6장에서 제시한 주장의 요점이다. 이 주장의 핵심은 어떤 다수에게는 '기후 변화를 막는 일'이 최우선 과제가 아니라는 점을 인식하자는 것이다. 지속가능발전목표는 그런 여러 국가가 가진 핵심 우선순위를 명시했다. 덴턴이 지적한 것과 같은 빈곤 퇴치와 기아 근절, 양질의 교육, 저렴하고 깨끗한 에너지, 양질의 일자리와 경제 성장 같은 것들이다. 로이터 기사가 분명히 밝혔듯이, 모든 문제를 제쳐두고 기후 변화부터 서둘러 해결하려고 하는 것은 필연적으로 다른 사안들의 중요성을 떨어뜨린다.

기후 정의 활동가들은 '과학을 따르라', "○'시점까지 탄소중립을 달성해야만 한다' 등 기후주의의 수사적 주장들을 사용하지 않아야 한다. 대신에 분배 정의나 자원에 대한 공평한 접근성, 모두를 위한 복지 확보와 같은 자신들의 목표를 더 직설적으로 내세우고 주장해야 한다. 그렇게 하지 않으면 기후주의는 태양 기후 공학이나 탄소 포집 및 저장 등의 기술적 해법, 인도 시골 여성들의 청정 연료에 대한 접근성을 막는 것, 또는 아프리카의 경제 발전을 훼방 놓는 퇴행적인 정책을 통해서든 '목표물에 명중'하는 데만 정신이 팔려 그런 관심사들을 모두 쓸어버릴 것이다. 앞서 5장에서 보았듯이 '더 숭고한 선'이라는 명목, 즉 무슨 수를 써서라도 기후 변화를 막아야 한다는 그 목표 아래 기후 정의는 무시되고 말 것이다. 하지만 기후 정의는 정확히 바로 그 수단들에 관한 이야기이다. 기상 시스템을 안정화하는 일은 그 과정에서 몰두하게 된 대상일 뿐이다. 무슨 수를 써서라도 '기후 변화를 막겠다'는 기후주의적 비전은 사회 정의 운동에서 위험한 동맹군이 될지도 모른다. 기후주의적 비전은 사회 정의가 표방하는 그런 목표들을 달성하는 데는 거의 관심이 없고, 심지어 목표 달성을 방해하는 것으로 밝혀질지도 모를 일이다.[8]

비판 4. 자본주의적 소비지상주의에 도전하려면 아마도 기후

주의와 같은 대항 이데올로기가 필요할지 모른다

: "기후주의가 정말로 이념이라면, 어쩌면 그런 이념이야말로 자본주의, 민족주의 또는 국가 사회주의 같은 환경 파괴적인 이념들에 도전하기 위해 사람들을 일정 규모 이상으로 동원하는 데 필요한 바로 그런 것일지 모른다."

나오미 클라인Naomi Klein은 최근 저서《이것이 모든 것을 바꾼다》에서 이런 주장을 폈다. 클라인(그리고 같은 생각을 가진 다른 이들)은 기후 변화가 정말로 의미심장한 이유는 그것이 자본주의가 종말을 맞이하고 있음을 알린다는 점이라고 주장한다. 그렇지 않다고 해도 최소한 우리는 기후주의의 물결에 동참하는 것이 필요한데, 적극적인 캠페인과 자본주의가 작동할 수 있는 사회적 라이선스를 부정하는 방법으로 자본주의가 확실히 종말을 맞이하도록 말이다. 하지만 기후주의 이념을 자본주의 이념의 대척점에 놓는 것은 위험하다. 5장에서 왜 그것이 위험한지 몇 가지 이유를 제시한 바 있다. 자본주의에 대한 도전은(국가 사회주의나 다른 환경 파괴적 이념에 대한 도전도 마찬가지로) 그것을 옹호하거나 방어할 때 노골적으로 정치적이고, 도덕적이며, 규범적인 근거를 수단으로 삼아야 한다. 그런 주장의 권위나 신빙성, 정당성이 과학에 기초한 것이어서는 안 된다.

'과학이 시키는 대로 하라'거나 '과학자들을 따르라'고 말하며 기후 과학을 이념적 반대파를 잠재우는 비장의 카드로 사용하는 것은 두 가지 달갑지 않은 상황을 초래한다. 한 가지는 제 이념의 도덕적·경제적·정치적 우월함에 대해 상대방을 설득하는 어려운 논쟁 작업 대신에, 기후 과학의 주장을 내세운다는 것이다(3장 참고). 그리고 그 결과로 과학은 정치 무대에서 활용할 또 다른 이념적 무기로 전락하게 된다. 과학에도 정치에도 이것은 좋은 일이 아니다. 이런 측면은 도널드 트럼프 전 미국 대통령의 과학 경시에 항의하기 위해 2017년 4월에 '과학을 위한 행진' 시위가 벌어진 직후, 일부 과학 분석가들과 과학 소통가들이 지적한 바 있다. 정치색이 다분한 이 사건은 미국 대중이 과학자들을 증거에 따라 움직이는 사람들이 아닌 이념에 추진력을 얻는 또 다른 이익 집단처럼 볼 위험을 갖고 있었다. 과학 소통가인 매슈 니스벳Matthew Nisbet이 특히 비판적이었는데, 그는 "4월 행진은 과학자들의 불편부당성과 신뢰성에 대한 믿음을 위험에 빠트린 채, 당파 간의 골만 더 깊어지는 결과를 낳을 것"이라고 촌평했다.[9]

비판 5. 당신이 하는 말은 기후 부정자, 기후 지연론자, 과도하거나 맹목적으로 긍정적이기만 한 '폴리아나Pollyanna'(낙천적인 성격의 동화 주인공의 이름에서 따온 개념–옮긴이)**처럼 들린다**

마지막 비판에 대한 나의 답은 명백하다. 나는 "내가 하는 말이 무슨 입장처럼 들리는지, 내가 어떤 부류인 것 같은지 신경 쓰지 말고, 내가 제기한 우려와 주장에 직접 참여하라"고 응수하겠다. 달리 말하면 부정자, 지연론자, 반대자, 미온주의자 혹은 무엇이 되었든, 내 입장을 이미 확립된 모종의 범주에 욱여넣으려고 애쓰지 말라는 것이다. 나는 내가 사용하는 '기후주의'라는 용어가 스티브 고어햄이 2010년에 발간한 《기후주의》와 근본적으로 다르다는 점을 앞서 언급했다(1장 참고). 이 책에서 내가 주장한 내용은 누구의 것도 아닌 내 것이다. 이 말을 일반화하자면 다른 작가들이 전개한 기후 변화에 관한 입장들은 저마다의 관점으로 평가되고 판단되는 것이 옳다. 우리는 어떤 주장을 한 사람이 '기후 공포조장주의자'나 '기후 반대파' 또는 그 밖의 무엇이 되었든, 어떤 딱지가 붙었다는 이유만으로 그 입장을 받아들이거나 거부해서는 안 된다.

기후 변화는 망치질이 필요한 튀어나온 못이 아니다

약 60년 전인 1962년 2월, 미국 철학자 에이브러햄 캐플런 Abraham Kaplan은 미국 교육학회American Educational Research Association에서 주최한 3일짜리 콘퍼런스의 대미를 장식하는 만찬 연회의 식후 연사로 초청되었다. 이 행사는 캐플런의 고향인 로스앤젤

레스에서 개최되었고, 후에 한 신문은 이런 기사를 실었다. "3일 간 진행된 행사의 하이라이트는 (…) 연구방법론 선택에 관한 캐플런의 논평이었다."[10] 캐플런은 과학자들이 연구 문제를 조사하는 방법론을 선택할 때 주의를 기울여야 한다고 우려를 표했다. 어떤 방법이 눈앞에 있거나, 또는 과학자가 어쩌다 특정 방법론에 친숙해졌다고 해서 그렇게 선택된 방법론이 해당 문제에 접근하는 데 적절할 거라는 보장이 없다는 것이었다. 그는 나중에 이런 생각을 '캐플런의 도구 원칙'으로 정리했다. "어린 소년에게 망치를 주면 아이는 보는 것마다 내려칠 것이다." 이 법칙을 나중에 자세히 설명하면서 캐플런은 이렇게 언급했다. "우리는 당면한 문제들을 이미 우리 손안에 쥐고 있는 해법을 요구하는 그런 사안인 것처럼 보이도록 해석하는 경향이 있다."

캐플런이 1962년에 정리한 이 개념은 많은 청중의 상상력을 사로잡았다. 이 개념을 이어받아 더 일반화하기도 했다. 어떤 연구는 '일에 맞는 도구가 아닌, 일이 도구에 맞춰지는 경향'을 다루었다. 심리학자 에이브러햄 매슬로Abraham Maslow는 캐플런의 경고를 이렇게 요약했다. "가신 도구가 망치뿐이라면 모든 것을 못처럼 보고 싶어질 것이다."[11] 이 격언은 이제 너무 흔해져서 진부하다 싶은 표현이 되었다. 심지어 이것저것 다 잘라내고 "망치와 못을 생각해 보라"라고만 말해도 무슨 말인지 알아들을 정도다.

기후주의는 캐플런이 말한 도구 법칙이 가리키는 행동과 몇 가지 면에서 유사하다는 생각이 든다. 기후주의는 모든 문제가 인간이 야기한 기후의 끊임없는 변화 때문에 생긴다는 관점으로 세상을 본다. 그것이 사실이라면, 그런 문제들을 해결하는 방법은 곧 기후 변화를 멈추는 것이 된다. 이것은 사실상 캐플런 법칙을 정반대로 뒤집은 것이다. "만사가 못으로 보이면 망치를 가져와야 한다." 만사가 기후 변화의 결과로 보이면 분명히 우리가 해야 할 일은 기후 변화를 멈추는 것이다. '기후 망치'는 세 가지 상호 연관된 야심으로 환원된다. 미래 기후 예측의 정확성을 최고조로 끌어올리기, 화석연료 근절 그리고 탄소중립 사회 실현이 그것이다.

　하지만 이것들은 현재 세계에 존재하는 사회 문제와 발전 문제, 환경 문제들을 해결하기에는 몹시 제한적인 도구이다. 동남아시아 메콩강의 삼각주 잠식을 생각해 보자. 메콩 삼각주는 1,700만 인구의 터전이고 세계 쌀 공급량의 거의 10%를 생산한다. 하지만 해당 지역의 고도는 평균적으로 해수면 위 1m 정도에 불과하고 해수면은 서서히 내륙으로 밀려들고 있다. 기후주의자는 기후에, 그리고 해당 지역에 닿아 있는 해수면에 계속 변화가 일어난다는 틀짜기를 통해 이 문제에 접근할 것이다. 물론 해당 지역 기후가 줄기차게 변하는 것은 사실이다. 해수면은 상승하고 있으며 상승 수준은 금세기 내에 30~70cm에 달할 것으

로 예측된다. 기후주의자들에게 메콩 삼각주 유지를 위한 필수
요건은 이산화탄소를 포함한 온실가스 배출량을 2배 이상 감축
함으로써 지구 기후 변화의 속도를 늦추고 예측되는 기후 변화
에 대한 적응을 강화하는 것이 될 것이다.

하지만 이것은 옳지 않다. 메콩 삼각주가 직면한 문제는 망
치를 기다리는 못이 아니다. 다른 무엇보다도 이것은 기후 변화
때문에 생기는 문제가 아니다. 댐 건설 때문에 퇴적물이 공급되
지 않아 삼각주는 비옥함을 잃고 있다. 수로 내의 모래 채굴로
내년 54메가톤의 모래가 삼각주에서 사라진다. 집약화 농업과
홍수 방재 때문에 천연 수로와 맹그로브 숲은 사라지고 그 자리
를 제방과 양식장이 메꾸었다. 이런 문제들은 도시 및 농업용 지
하수 양수와 홍수를 막으려고 쌓은 제방 탓에 수로가 더 경직되
고, 그러자 더 많은 홍수가 발생하는 나선형 잠금 효과lock-in 탓
에 더 악화한다.[12]

따라서 삼각주 문제의 해결책은 다방면에 걸쳐 있으며 여러
도구가 필요하다. 해수면은 상승하고 기후는 변한다. 하지만 기
후 변화를 멈추는 '망치'에서 나올 만한 해결책은 거의 없다. 메
콩 삼각주가 복잡한 지역적·사회생태학적 시스템으로써 지속
가능성을 갖기 위해서는 세심하게 설계된 다양한 개입이 필요
하다. 이를테면 대형 댐이 더 건설되어서는 안 된다. 퇴적물이
현존하는 댐을 통과하거나 그 주위를 지나갈 수 있도록 유도되

어야 한다. 강바닥 모래 채굴은 단계적으로 금지되어야 한다. 삼각주 농경 방식을 바꾸어야 한다. 홍수터는 서로 연결될 수 있어야 한다. 맹그로브 숲을 강화하는 등의 자연적인 해안 보호책에 인센티브를 지급할 필요가 있다. 도구 상자에는 다양한 도구가 있어야 하고 그 도구들을 지역에 맞게, 맥락에 따라 사용해야 한다.

마찬가지로 한참 떨어진 북극에도 손에 쥔 망치 때문에 못이 보이는 위험이 도사리고 있다. 차가운 북쪽 지방의 삶은 어려움이 많다. 북극 주민들 사이에서 논의되는 주 관심사는 건강과 의료 확보에 관련된 생생한 실제 경험, 높은 자살률과 약물 남용, 낮은 교육 수준, 경제적 자립, 문화와 언어 보존, 식량 안보, 채굴 산업의 효과, 극한 기후를 가진 외딴 지역에서 생존하기 위한 일상적인 필요 사항 등이다. 몇몇 이누이트 주민과 연구자들이 설명한 대로 북극의 변화하는 기후(변화한다는 점은 의심할 여지가 없다)에 집착하는 일은 정작 시급하고 걱정스러운 많은 것을 놓치게 한다.

기후에만 크게 초점을 맞추는 일은 특정 형태의 완화 의제, 다시 말해 북반구 국가와 기업들이 온실가스를 줄여야 한다는 의제를 생산한다. 건강, 빈곤, 교육, 경제 자립, 문화적 활력, 정의에 관계된 다중적이고 복잡한 사안들은 뒷전이 된다.[13]

메콩 삼각주 거주민과 마찬가지로 북극 주민들에게 기후가 변한다는 사실은 그들이 직면한 여러 도전 중 하나일 뿐이다. 이런 역경들에 기후주의 망치를 사용하는 일은 식민주의의 후기 형태로 보인다. "주로 바다 얼음과 기후 변화로 틀을 짠 연구에 집중하는 일은 사실상 (…) 공동체 영향, 반응, 그것의 의미나 정치, 심지어 수문학적hydrological 과정조차 제대로 보지 못하게 만든다."[14] 전 세계 지역 공동체들이 직면한 지역적이고 국지적인 많은 문제를 더 섬세하게 짜인 틀을 통해 판단하면 그 이야기들 속에서 기후 변화는 탈중심화de-centre할 것이다. 대신에 기후 변화는 더 깊은 역사적·정치적 맥락 속에서, 또 소외된 곳을 포함하는 폭넓은 개발 필요성과 더불어 자리를 잡을 것이다. '기후 변화를 막는 일을 다른 모든 사안에 앞서는 지상 과제로 삼아야 한다'는 기후주의의 구호를 외치는 대신 이런 틀로 문제를 포착하면 우리는 무엇을, 언제, 어떻게, 누구의 손으로 해야 하는지에 대해 더 큰 자기 결정권을 가질 수 있다.

메콩 삼각주 주민에게, 그리고 북극 지역 주민들에게 기후 변화는 중요하다. 하지만 전부는 아니다. 그리고 나는 이것이 모든 사람에게 마찬가지로 적용된다고 생각한다. 기후 변화가 우리에게 던지는 도전들은 실재한다. 하지만 그것들은 현존하는 다른 문제들의 맥락에서, 그리고 현재 진행 중인 세계의 다양한 잠재적 변화의 관점으로 파악할 때만 오로지 이해될 수 있다(실제로 적절하게 대응하기 위해서는 반드시 그렇게 이해되어야만 한다).

현재의 모든 사안이 기후 변화와 관련이 있지 않으며, 미래가 그런 모습으로 쪼그라들어서도 안 된다. 기후 변화 억제가 유일하게 중요한 일도 아니다. 기후 변화가 전부는 아니다.

참고 문헌

머리말_내전, 인종차별적 트윗 그리고 홍수 참사

1. This account is based on Marwa Daoudy's The Origins of the Syrian Conflict: Climate Change and Human Security (Cambridge: Cambridge University Press, 2020).
2. For a summary of these claims and their respective sources see: J. Selby, O.S. Dahi, C. Frohlich and M. Hulme, Climate change and the Syrian civil war revisited: a rejoinder. Political Geography 60, 2017: 253-5.
3. I. Johnston, Climate change helped caused Brexit, says Al Gore. The Independent, 23 March 2017.
4. A. Stechemesser, L. Wenz et al., Strong increase of racist tweets outside of climate comfort zone in Europe. Environmental Research Letters 16, 2021: 114001.
5. Europe floods: Merkel shocked by 'surreal' devastation. BBC News, 18 July 2021, https://www.bbc.com/news/world-europe-57880729
6. M. Hulme, Reducing the future to climate: a story of climate determinism and reductionism. Osiris 26(1), 2011: 245-66.
7. T. Mitchell, Prisoners of Geography: Ten Maps That Tell You Everything You Need to Know about Global Politics (London: Elliott & Thompson, 2015).

제1장. 기후에서 기후주의로

1. R. Fox, How climate change helped the Taliban win. Reaction News, 16 September 2021, https://reaction.li fe/how-climate-change-helped-the-taliban-win
2. One of the more interesting and readable accounts of how the science of global climate change developed during the past two centuries is Sarah Dry's Waters of the World: The Story of the Scientists Who Unravelled the Mysteries of Our Seas, Glaciers and Atmosphere–and Made the Planet Whole (Chicago: University of Chicago Press, 2019).
3. M. Hulme, Why We Disagree about Climate Change: Understanding Controversy, Inaction and Opportunity(Cambridge: Cambridge University Press, 2009); M. Hulme, Weathered: Cultures of Climate (London: SAGE, 2016); M. Hulme, Climate Change: Key Ideas in Geography (Abingdon: Routledge, 2021). Of this trilogy, Weathered is perhaps best read first since it takes the broadest historical perspective; Climate Change is in many senses an

update of the thinking I first put forward in Why We Disagree.

4. For high energy physics see: E. Gibney, What's the carbon footprint of a Higgs boson? It varies – a lot. Nature 611, 2022: 209, and for whales see: R. Chami et al., A strategy to protect whales can limit greenhouse gases and global warming. International Monetary Fund, December 2019, https://www.imf.org/Publications/fandd/issues/2019/12/natures-solution-to-climate-change-chami#author

5. For these latter points, see: M.A. Rajaeifar, Decarbonize the military – mandate emissions reporting. Nature 611, 2022: 29–32.

6. D. Jayaram, 'Climatizing' military strategy? A case study of the Indian armed forces. International Politics 58(4), 2021: 619–39.

7. L. Maertens, Climatizing the UN Security Council. International Politics 58, 2021: 640–60.

8. S. Grant, C.C. Tamason, P. Kjær and M. Jensen, Climatization: a critical perspective of framing disasters as climate change events. Climate Risk Management 10, 2015: 27–34.

9. S.J. Pyne, The Pyrocene: How We Created an Age of Fire, and What Happens Next (Oakland: University of California Press, 2022).

10. P. Jenkins, Climate, Catastrophe and Faith: How Changes in Climate Drive Religious Upheaval (Oxford: Oxford University Press, 2021).

11. Grant et al., Climatization. For The Guardian story see: J. Vidal, 'We have seen the enemy': Bangladesh's war against climate change, Guardian, 9 May 2012, https://www.theguardian.com/environment/2012/may/09/bangladesh-war-against-climate-change

12. This is a feature of climate change framing and discourse I discuss in: M. Hulme, Problems with making and governing global kinds of knowledge. Global Environmental Change 20(4), 2010: 558–64.

13. S.C. Aykut and L. Maertens, The climatization of global politics: introduction to the special issue. International Politics 58(4), 2021: 501–18.

14. S. Goreham, Climatism! Science, Common Sense and the 21st Century's Hottest Topic (New Lenox, IL: New Lenox Books, 2010), p. 161.

15. M. Freeden, Ideology: A Very Short Introduction (Oxford: Oxford University Press, 2003), p. 2.

16. Freeden, Ideology, p. 32.

17. There is also a similarity between ideologies and myths, if we think of the latter in the anthropological and non-pejorative sense of the word; i.e., myths as 'stories that embody fundamental truths underlying our

assumptions about everyday or scientific reality'.

18. G. Monbiot, How to Stop the Planet Burning (London: Allen Lane, 2006), p. 15.

19. For this quote and Kirk's resignation, see: HSBC banker quits over climate change furore. Financial Times, 7 July 2022, https://www.ft.com/content/5ff24114-5777-4d00-a014-ad36ce948d64 Stuart Kirk's original fifteen-minute talk is available on YouTube at https://www.youtube.com/watch?v=bfNamRmje-s

20. For criticism of Kirk's speech, see: G. Wagner, Climate risk is financial risk. Science, 10 June 2022, 1139. For examples of legitimate questions being raised by Kirk, see: J. Zammit-Lucia, Stuart Kirk, HSBC, and the politics of climate. CEOWorld Magazine, 10 June 2022, https://ceoworld.biz/2022/06/10/stuart-kirkhsbc-and -the-politics-of-climate Also R. Pielke Jr, Why investors need not worry about climate risk? The Honest Broker, 23 May 2022, https://rogerpielkejr.substack .com/p/why-investors-neednot-worry-about

21. D. Mustafa, Pakistan must get rid of colonial mindset on water. The Third Pole, 9 September 2022, https://www.thethirdpole.net/en/livelihoods/opinion-pakistan-must-get-rid-of-colonial-mindset-on-water/?amp

22. M. Davis, Late Victorian Holocausts: El Nino Famines and the Making of the Third World (London: Verso, 2000).

23. A. Wijkman and L. Timberlake, Natural Disasters: Acts of God or Acts of Man? (London: Earthscan, 1984).

24. The 'lukewarmer' accepts that climate change is real and mostly man-made, but does not consider it to be a planetary emergency. For example, see: M. Ridley, The Climate Wars and the Damage to Science(London: Global Warming Policy Institute, 2015). The case of the outright climate change denier would be represented by Figure 2, since they would not recognize that climate is in any way influenced by human activities.

제2장. 기후주의는 어떻게 생겨났을까?

1. S. Kuznets, Response to Senate Resolution No. 220(72nd Congress). A Report on National Income, 1929–1932 (Washington DC: Government Printing Office, 1934).

2. W.D. Nordhaus, Can We Control Carbon Dioxide? IIASA Working Paper, 1975. IIASA, Laxenburg, Austria: WP75063.

3. When Nordhaus was working on this problem in the mid-1970s, there was no generally accepted method for estimating global temperature

and efforts at reconstructing the history of global temperature were still rudimentary, and somewhat contradictory. It was not at all self-evident that this was the 'correct' control variable to select.

4. D. Philipsen, The Little Big Number: How GDP Came to Rule the World and What to Do about It (Princeton: Princeton University Press, 2015).

5. Hulme, Weathered: Cultures of Climate.

6. W.B. Meyer, The perfectionists and the weather: the Oneida Community's quest for meteorological utopia 1848–1879. Environmental History 7(4), 2002: 589–610.

7. These ideas have been well developed in the work and writings of historical geographer David Livingstone. See for example: D.N. Livingstone, The climate of war: violence, warfare and climatic reductionism. WIREs: Climate Change 6(5), 2015: 437–44; and D.N. Livingstone, Climate and civilization. In M. Boyden (ed.), Climate and American Literature (Cambridge: Cambridge University Press, 2021), pp. 58–74.

8. See the following, sometimes also referred to as 'The Bretherton Report', after the lead author, Francis Bretherton: National Research Council, Earth System Science. Overview: A Program for Global Change (Washington, DC: National Academies Press, 1986).

9. See for example: European Commission, Destination Earth, https://digital-strategy.ec.europa.eu/en/libra ry/destination-earth The publicity brochure states: 'Destination Earth (DestinE) is a major initiative of the European Commission. It aims to develop a very high precision digital model of the Earth (a "digital twin") to monitor and predict environmental change and human impact to support sustainable development.'

10. See for example: S. Randalls, History of the 2°C climate target. WIREs Climate Change 1(4), 2010: 598–605.

11. See for example: R. Peet, The social origins of environmental determinism. Annals of the Association of American Geographers 75, 1985: 309–33.

12. A.C. Hill, COVID's lesson for climate research: go local. Nature 595, 2001: 9.

13. For the example of the Norwegian 'snowmen' see: J. Solli and M. Ryghaug, Assembling climate knowledge: the role of local expertise. Nordic Journal of Science and Technology Studies 2(2), 2014: 18–28. For a discussion of what good climate adaptation needs see: S. Dessai and M. Hulme, Does climate adaptation policy need probabilities? Climate Policy 4, 2004: 107–28.

14. J. Slingo et al., Ambitious partnership needed for reliable climate prediction. Nature Climate Change 12(6), 2002: 499-503.
15. For a good discussion of the history of the idea of the 'allowable' carbon budget see: B. Lahn, A history of the global carbon budget. WIREs Climate Change 11(3), 2020: e636.
16. An excellent account of the rapid institutionalization of Net-Zero as a policy goal is found in: H. Van Coppenolle, M. Blondeel and T. Van de Graff, Reframing the climate debate: the origins and diffusion of net zero pledges. Global Policy, 21 November 2022, https://onlinelibrary.wiley.com/doi/full/10.1111/1758-5899.13161?campaign=wolearlyview
17. See the argument put forward by M. Hulme, S.J. O'Neill and S. Dessai, Is weather event attribution necessary for adaptation funding? Science 334, 2011: 764-5.
18. See: S. Li and F. Otto, The role of human-induced climate change in heavy rainfall events such as the one associated with Typhoon Hagibis. Climatic Change 172, 2022: 7.
19. An excellent analysis of this problem is offered in Jesse Ribot, Violent silence: framing out social causes of climate-related crises. The Journal of Peasant Studies 49(4), 2022: 683-712.
20. S. Asayama, Threshold, budget and deadline: beyond the discourse of climate scarcity and control. Climatic Change 167(3), 2021: 1-16.
21. The most comprehensive description of the IPCC, how it functions and what influence it has is provided in: K. De Pryck and M. Hulme (eds.), A Critical Assessment of the Intergovernmental Panel on Climate Change (Cambridge: Cambridge University Press, 2022).

제3장. 과학이 기후주의에 빠지는 과정

1. Pielke, Why investors need not worry about climate risk?
2. The numbers in these scenario labels refer to the strength of the physical warming effect of the respective greenhouse gas concentration; RCP8.5 is therefore about 3.3 times the strength of RCP2.6. The precise explanation of these numbers need not concern us.
3. R. Pielke Jr and J. Ritchie, Distorting the view of our climate future: the misuse and abuse of climate pathways and scenarios. Energy Research & Social Science 72, 2021: 101890.
4. Z. Hausfather and G.P. Peters, Emissions - the 'business as usual' story is misleading. Nature 577, 2020: 618-20.

5. 'We are concerned that . . .' is from Z. Hausfather et al., Climate simulations: recognise the 'hot model' problem. Nature 605, 2022: 26–9. The Voosen quotation is from P. Voosen, 'Hot' climate models exaggerate Earth impacts. Science 376, 2022: 685.

6. Hausfather et al. Climate simulations.

7. K. Brysse et al., Climate change prediction: erring on the side of least drama? Global Environmental Change 23(1), 2013: 327–37. Ultimately, the risks associated with climate change can only be expressed as subjective and conditional probabilities, and how people interpret and act on those risks is a matter of psychology, not of science. For example, see the discussion of 'fattailed distributions' in G. Wagner and M.L. Weitzman, Climate Shock: The Economic Consequences of a Hotter Planet (Princeton: Princeton University Press, 2015).

8. J. Loconte, One hundred years ago, 'following the science' meant supporting eugenics. The Institute for Faith and Freedom, 19 July 2022, https://www.faithandfreedom.com/one-hundred-years-ago-followingthe-science-meant-supporting-eugenics

9. For the points made in this paragraph, see: D. Roberts, Fatal Invention: How Science, Politics, and Big Business Re-create Race in the Twenty-first Century(New York: The New Press, 2012); A. Saini, Superior: The Return of Race Science (London: The Fourth Estate, 2019); J.L. Graves and A.H. Goodman, Racism, Not Race: Answers to Frequently Asked Questions (New York: Columbia University Press, 2021); J. Marks, Is Science Racist? Debating Race(Cambridge: Polity, 2017); and C.F. Lewis et al.,Getting genetic ancestry right for science and society. Science 376, 2022: 250–2.

10. WHO, Climate change and health, 30 October 2021, https://www.who.int/news-room/fact-sheets/detail/climate-change-and-health

11. The report in full is: PBL, Assessing an IPCC ssessment: An Analysis of Statements on Projected egional Impacts in the 2007 Report. The Hague/Bilthoven, Netherlands, 2010.

12. H. Horton, BBC removes Bitesize page on climate change benefits' after backlash. BBC online, 2 July 2021;https://www.theguardian.com/media/2021/jul /02/bbcremoves-bitesize-page-climate-change-benefits–back ash See also: https://www.bbc.co.uk/bitesize/gu ides/zcn6k7h/revision/5

13. S.H. Schneider, The 'double ethical-bind' pitfall. ediarology, https://stephenschneider.stanford.edu/Mediarology/mediarology.html

14. See P. Kitcher, Science in a Democratic Society (New York: Prometheus Books, 2011), p. 184. I thank Mark Brown for this paraphrase of Kitcher's scenario.

15. For a discussion of this controversy and its significance see: M. Mahony, The predictive state: science, territory and the future of the Indian climate. Social Studies of Science 44(1), 2014: 109–33.

16. For a good expose of the dangers of statistical cherrypicking, see E.J.Wagenmakers, A. Sarafoglou and B. Aczel, One statistical analysis must not rule them all. Nature 605, 2022: 423–5.

17. An excellent account of this controversy is given in: F. Pearce, The Climate Files: The Battle for the Truth about Global Warming (London: Guardian Books, 2010). An analysis of the controversy which reveals the motivated reasoning of the scientists involved is found in: R. Grundmann, 'Climategate' and the scientific ethos. Science, Technology & Human Values 38(1), 2013: 67–93.

18. J. Watts, We have 12 years to limit climate change catastrophe, warns UN. Guardian, 8 October 2018, https://www.theguardian.com/environment/2018/oct/08/global-warming-must-not-exceed-15c-warns-land mark-un-report

19. See: S. Asayama, R. Bellamy, O. Geden, W. Pearce and M. Hulme, Why setting a climate deadline is dangerous. Nature Climate Change 9(8), 2019: 570–2.

20. B. Salter and C. Salter, Controlling new knowledge: genomic science, governance and the politics of bioinformatics. Social Studies of Science 47(2), 2017: 263–87 (p. 281).

21. G. Schmidt, Mmm-k scale climate models. RealClimate, 25 June 2022, https://www.realclimate.org/index.php/archives/2022/06/mmm-k-scale-climate-models/#ITEM-24379-0

22. J. Bohr, The 'climatism' cartel: why climate change deniers oppose market-based mitigation policy. Environmental Politics 25(5), 2016: 812–30.

23. For a good introduction to these questions, see: S. Sismondo, An Introduction to Science and Technology Studies, 2nd edition (Hoboken, NJ: Wiley, 2009), and T. Lewens, The Meaning of Science(London: Penguin, 2015). Bruno Latour offers a more sophisticated analysis of the social nature of science in Science in Action: How to Follow Scientists and Engineers through Society (Cambridge, MA: Harvard University Press, 1988). For a robust defence of science and of how and why it remains trustworthy, see: N.

Oreskes (ed.), Why Trust Science? (Princeton: Princeton University Press, 2019).

제4장. 거부할 수 없는 기후주의의 매력

1. A. Trembath, 'Don't Look Up' peddles climate catastrophism as a morality tale. Foreign Policy Insider, 18 December 2021, https://foreignpolicy.com/2021/12/18/dont-look-up-review-mckay-comet-climate-change

2. J. Stephens and R. McCallum, Retelling Stories, Framing Culture: Traditional Story and Metanarratives in Children's Literature (New York: Routledge, 1998), p. 6.

3. Potsdam Summer School, Towards a sustainable transformation–climate, energy and nature in a changing world (2022), https://potsdam-summer-school.org

4. N. Klein, This Changes Everything: Capitalism vs the Climate (New York: Simon & Schuster, 2014), pp. 7–8.

5. For Stenmark, the 'myth of the Absolute' is the belief that there is an Absolute outside of human history and independent of human limitations, one upon which we can base our judgement and actions and which makes it possible to avoid errors and mistakes. Myths of the Absolute are rooted in the experience of human finitude and fallibility and the realization (or fear) that nothing is certain. They are also connected to an experience of something beyond our limited existence, something greater than ourselves. See: L.L. Stenmark, Storytelling and wicked problems: myths of the absolute and climate change. Zygon 50(4), 2015: 922–36.

6. For a good account of this see: N. Oreskes and E. Conway, Merchants of Doubt: How a Handful of Scientists Obscured the Truth on Issues from Tobacco Smoke to Global Warming (London: Bloomsbury, 2010).

7. For Thunberg on BBC radio, 23 April 2019, see: https://www.bbc.co.uk/news/av/uk-48018034 For testimony to the US House see: NBC News, 18 September 2019, https://www.nbcnews.com/science/environment/climate-activist-greta-thunberg-tells-congress-unite-behind-science-n1055851

8. I use the term 'apocalypse' here in the popular sense of cataclysmic destruction or endings, rather than its original religious meaning 'to disclose' or 'unveil'. For the quotation see: L. Buell, The Environmental Imagination: Thoreau, Nature Writing, and the Formation of American Culture (Cambridge, MA: Harvard University Press, 1995), p. 285.

9. G. Ereaut and N. Segnit, Warm Words: How Are We Telling the Climate Story and Can We Tell It Better?(London: Institute of Public Policy Research, 2006).

10. P. Barkham, 'We're doomed': Mayer Hillman on the climate reality no one else will dare mention. Guardian, 26 April 2018, https://www.theguardian.com/environment/2018/apr/26/were-doomed-mayer-hillman-on-the-climate-reality-no-one-else-will-dare-mention

11. M. Silva, Why is climate 'doomism' going viral –and who's fighting it? BBC News, 21 May 2022, https://www.bbc.co.uk/news/blogs-trending-61495035

12. For a good overview of this idea, see: J. Haidt, The Righteous Mind: Why Good People Are Divided by Politics and Religion (London: Penguin, 2013). Also, for evidence of how this plays out in American political life, see: L. Mason, Uncivil Agreement: How Politics Became Identity (Chicago: University of Chicago Press, 2018).

13. R. Behr, How Twitter poisoned politics. Prospect Magazine, October 2018, pp. 24, 26, https://www.pr os pectmagazine.co.uk/magazine/how-twitter-poisoned-politics

14. M. Mann, The New Climate War: The Fight to Take Back Our Planet (New York: Public Affairs, 2021). Part of what follows is based on my review of this book in the Spring 2021 issue of Issues in Science and Technology, pp. 89–90.

15. See Oreskes and Conway, Merchants of Doubt.

16. For a general overview of the power of stories, see: S. Dillon and C. Craig, Storylistening: Narrative Evidence and Public Reasoning (Abingdon: Routledge, 2021). For an example of how this applies to the case of climate change, see: R. Lejano and S. Nero, The Power of Narrative: Climate Skepticism and the Deconstruction of Science (Oxford: Oxford University Press, 2020).

17. M. Shellenberger, Climate change is no catastrophe. Attempts to stop warming will backfire dangerously. Unherd, 3 November 2021, https://unherd.com/2021/11/climate-change-will-not-be-catastrophic

18. Organized denial is well covered by Oreskes and Conway in Merchants of Doubt. But organized denial is different from other forms of climate change contrarianism or scepticism, which have broader cultural and psychological roots.

제5장. 눈을 가리는 기후주의의 위험

1. T. Knudson, The cost of the biofuel boom: destroying Indonesia's forests. Yale Environment 360, 19 January 2009, https://e360.yale.edu/features/

the_cost_of_the_biofuel_boom_destroying_indonesias_forests

2. Transport & Environment, 10 years of EU's failed biofuels policy has wiped out forests the size of the Netherlands, 2 July 2021, https://www. transportenv ironment.org/discover/10-years-of-eus-failed-bio fuels – policy-has-wiped-out-forests-the-size-of-thenetherla nds-study

3. Quoted in: G. Ferrett, Biofuels 'crime against humanity'. BBC News, 27 October 2007, news.bbc.co.uk/1/hi/world/americas/7065061.stm

4. H.K. Jeswani, A. Chilvers and A. Azapagic, Environmental sustainability of biofuels: a review. Proceedings of the Royal Society A 476, 2020: 20200351. This large-scale synthesis of many studies concludes: 'As the findings in this review demonstrate clearly, there are no definitive answers. Even focusing only on the [beneficial climate effects] of biofuels – one of the main drivers for their development – brings with it a host of uncertainties.'

5. J.C. Scott, Seeing Like a State: How Certain Schemes to Improve the Human Condition Have Failed (New Haven, CT: Yale University Press, 1998).

6. Louise Amoore powerfully extends Scott's argument across a range of contemporary issues in her book, The Politics of Possibility: Risk and Security beyond Probability (Durham, NC: Duke University Press, 2013).

7. For example, see T.J. Lark et al., Environmental outcomes of the US Renewable Fuel Standard. Proceedings of the National Academy of Sciences 119(9), 2022: e210108411.

8. J. Selby, On blaming climate change for the Syrian civil war. Middle East Report 296, Fall 2020. See also Marwa Daoudy's account of the war in The Origins of the Syrian Conflict.

9. These and other cases are explored in: J.E. Selby, G. Daoust and C. Hoffmann, Divided Environments: A Political Ecology of Climate Change, Water and Security (Cambridge: Cambridge University Press, 2022).

10. L. Schipper, V. Castan Broto and W. Chow, Five key points in the IPCC report on climate change impacts and adaptation. The Conversation, 3 March 2022, https://theconversation.com/five-key-points-in-the-ipcc- report-on-climate-change-impacts-and-adaptation-178195

11. There are many ticking climate clocks, but this one is particularly prominent. It commenced in September 2019. See: https://climateclock. world/pte

12. UN chief urges leaders of every country to declare 'climate emergency'. Reuters, 12 December 2021, https://www.reuters.com/article/uk-climate-

change-un-summit-idUSKBN28M0IR

13. This is the condition that critical geographer Eric Swyngedouw and others refer to as 'the post-political'. See for example: E. Swyngedouw, Apocalypse forever? Post-political populism and the spectre of climate change. Theory, Culture and Society 27(2-3), 2010: 213–32.

14. M. Hulme, Is it too late (to stop dangerous climate change)? An editorial. WIREs Climate Change 11(1), 2020: e630.

15. C. Hickman et al., Climate anxiety in children and young people and their beliefs about government responses to climate change: a global survey. The Lancet: Planetary Health 5(12), 2021: e863–73. This study was publicized by the BBC in September 2021 under the headline 'Climate change: young people very worried – survey', https://www.bbc.com/news/world-5854937

16. For the post-political, see Swyngedouw, Apocalypse forever?; also A. Kenis and E. Mathijs, Climate change and post-politics: repoliticizing the present by imagining the future? Geoforum 52, 2014: 148–56; and Y. Pepermans and P. Maeseele, The politicization of climate change: problem or solution? WIREs Climate Change 6(4), 2016: 478–85.

17. Although even here there is a very difficult line to draw—and to police— between, on the one hand, constructive, and sometimes penetrating and valid, if awkward, criticism of science and scientists and, on the other, frivolous, misinformed or subversive critiques of scientific claims. For a discussion and analysis see: K.M. Treen, H.T.P. Williams and S.J. O'Neill, Online misinformation about climate change. WIREs Climate Change 11(5), 2022: e665.

18. N. Oreskes, There is a new form of climate denialism to look out for – so don't celebrate yet. Guardian, 16 December 2015, https://www.theguardian.com/commentisfree/2015/dec/16/new-form-climate-denialism-dont-celebrate-yet-cop-21

19. Freeden, Ideology, p. 126.

20. R. Pielke Jr, Stuck between climate doom and denial. The New Atlantis, Summer 2022, https://www.thenewatlantis.com/publications/stuck-between-doom-and-denial

21. C. McKinnon, Climate crimes must be brought to justice. The UNESCO Courier 19(3), 2019, https://en.unesco.org/courier/2019-3/climate-crimes-must-be-brought-justice

22. The idea of 'wicked problems' has been around for fifty years, since

originally proposed by Horst Rittel and Melvin Webber in their article: Dilemmas in a general theory of planning. Policy Sciences 4, 1973: 155-69. Wicked problems are essentially unique, have no definitive formulation and can be considered a symptom of yet other problems. Solutions to wicked problems are difficult to recognize because of complex interdependencies in the system affected, a solution to one aspect of a wicked problem often revealing or creating other, even more complex, problems demanding further solutions. Solving wicked problems is beyond the reach of mere technical knowledge and traditional forms of governance.

23. For both stories, see: R. Bryce, The iron law of electricity strikes again: Germany re-opens five lignite-fired power plants. Forbes, 28 October 2022, https://www.forbes.com/sites/robertbryce/2022/10/28/the-iron-law-of-electricity-strikes-again-germany-re-opens-five-lignite-fired-power-plants/?sh=57c3e32f3d0c

24. S. Cornell and A. Gupta, Is climate change the most important challenge of our times? In: M. Hulme (ed.), Contemporary Climate Change Debates: A Student Primer (Abingdon: Routledge, 2020), p. 17. Sarah Cornell and Aarti Gupta in their respective essays take different sides on this question and put forward arguments why climate change should or should not be so regarded.

25. The definition of mal-adaptation is from: J. Barnett and S. J. O'Neill, Maladaptation. Global Environmental Change 20, 2010: 211-13. The examples, and a broader discussion about the dangers of mal-adaptation, can be found in: S. Juhola, E. Glaas, B-O. Linner and T-S. Neset, Redefining maladaptation. Environmental Science & Policy 55(1), 2016: 135-40.

제6장. 기후주의를 해독할 대안들

1. V. Ramachandran, Blanket bans on fossil fuels hurt women. Nature 607, 2022: 9. Vijaya Ramachandran is an economist whose research focuses on economic growth and energy infrastructure, mostly in sub-Saharan Africa.

2. R. Atkinson et al., Climate Pragmatism: Innovation, Resilience and No Regrets (Oakland, CA: Breakthrough Institute, 2021), https://thebreakthrough.org/articles/climate-pragmatism-innovation It should be noted that in many respects pragmatism is itself an ideology; it also reflects a particular

worldview and a political position, and one that I am more sympathetic to. This confirms my earlier argument that we cannot live without ideologies.

3. R. Saravanan's book The Climate Demon: Past, Present, and Future of Climate Prediction (Cambridge: Cambridge University Press, 2021) makes this point very clearly. There is also the phenomenon known as 'the certainty trough', which describes how those not closely involved in knowledge production attach much greater certainty to that knowledge than those actually producing it. This was first identified by the sociologist Donald MacKenzie (see for example: Chapter 15, 'The certainty trough' in: R. Williams et al. (eds.), Exploring Expertise (Basingstoke: Palgrave, 1998)) and applied to climate modelling by Myanna Lahsen in: Seductive simulations? Uncertainty distribution around climate models. Social Studies of Science 35, 2005: 895–922.

4. European Commission, Destination Earth, https://digital-strategy. ec.europa.eu/en/policies/destination-earth

5. S. Jasanoff, Technologies of humility. Nature 450, 2007: 33.

6. T. Nordhaus, A response to Ezra Klein on 'The empty radicalism of the climate apocalypse'. The Breakthrough Institute, 16 July 2021, https:// thebreakthrough.org/blog/a-response-to-ezra-klein-1

7. For a good discussion of the need for caution in thinking about social tipping points, whether they exist and whether they can be controlled, see: M. Milkoreit, Social tipping points everywhere? – Patterns and risks of overuse. WIREs Climate Change, 17 November 2022, https://doi. org/10.1002/wcc.813

8. A. Vaughan, UK government admits its net-zero climate strategy doesn't add up. New Scientist, 10 June 2022.

9. For a discussion of the ways in which subjective values and expert judgement inflect the notion of climate tipping points, see V. Lam and M.M. Majszak, Climate tipping points and expert judgment. WIREs Climate Change 13(6), 2022: e805.

10. M. Roser, The world is awful. The world is much better. The world can be much better. Our World in Data, 20 July 2022, https://ourworldindata.org/ much-better-awful-can-be-better

11. For the England and Wales figures, see: A. Gasparrini et al., Small-area assessment of temperature-related mortality risks in England and Wales: a case time series analysis. Lancet Planet Health 6, 2022: e557–64.

12. T. Nordhaus, Am I the mass murderer? Pushing back on climate

catastrophism is not a thought crime. The Breakthrough Journal, 29 March 2022, https://the brea kthrough.org/journal/no-16-spring-2022/am-i-the-ma ss-murderer

13. I explored many of these diverging values and judgements in an earlier book: Why We Disagree about Climate Change (2009).

14. S. Bushell, T. Colley and M. Workman, A unified narrative for climate change. Nature Climate Change 5(11), 2015: 971–3.

15. See: M. Verweij, Clumsy Solutions for a Wicked World(London: Palgrave Macmillan, 2011). Also useful is the short entry 'Wicked environmental problems', by Michael Thompson in: N. Castree, M. Hulme and J.D. Proctor (eds.), Companion to Environmental Studies (Abingdon: Routledge, 2018), pp. 258–62. For a recent review of clumsy solutions and climate change, see: M. Verweij, Clumsy solutions and climate change: a retrospective. WIREs Climate Change, 14(1), 2023: e804.

16. Some of the ideas and examples in this section are drawn from my essay 'Climate emergency politics is dangerous', Issues in Science and Technology 36, 2019: 23–5.

17. G. J. Wells et al., Tree harvesting is not the same as deforestation. Nature Climate Change 12(4), 2022: 307–9.

18. R. Pielke Jr, Welcome to post-apocalyptic climate policy. The Honest Broker, 19 April 2021, https://rogerpielkejr.substack.com/p/welcome-to-post-apocaly
ptic-climate In this essay, Pielke uses the example of population policy as a precedent for such a reframing. The perceived global 'population crisis' of the 1960s and 1970s was transformed from an issue focused on 'overpopulation' to one more focused on seemingly oblique issues, such as women's rights, education, agricultural productivity, democracy, and so on. Issues related to population remain crucially important, but the earlier single focus on 'controlling population' no longer holds sway.

19. Y. Osinbajo, The divestment delusion: why banning fossil fuel investments would crush Africa. Foreign Affairs, 31 August 2021, https://www.foreignaffairs .com/articles/africa/2021-08-31/divestmentdelusion

20. C. Farbotko, Meta-crisis in a meta-system: does addressing climate change mean new systemic dangers for the world's poor? WIREs Climate Change 11(1), 2020: e609.

제7장. 그럼에도 예상되는 반박들에 대하여

1. W.F. Lamb et al., Discourses of climate delay. Global Sustainability 3, 2020: e17, 1-5. All quotations in this paragraph and the next are from this article.

2. S. Shapin, Never Pure: Historical Studies of Science as If It Was Produced by People with Bodies, Situated in Time, Space, Culture, and Society, and Struggling for Credibility and Authority (Baltimore, MD: John Hopkins University Press, 2010).

3. Brysse et al., Climate change prediction.

4. For Guterres see: UN Secretary-General's remarks to the Security Council conference on corruption and conflict. New York, 10 September 2018, https://www.un.org/sg/en/content/sg/statement/2018-09-10/secre tary-generals-remarks-climate-change-delivered For Bendell see: J. Bendell, Hope and vision in the face of collapse – the 4th R of deep adaptation, 9 January 2019, https://jembendell.com/2019/01/09/hope-and-vision-in-the-face-of-collapse-the 4th-r-of-deep-adaptation For Engelhardt, see: T. Engelhardt, Suicide watch on planet Earth. Le Monde diplomatique, 29 April 2019, https://mondediplo.com/openpage/suicide-watch-on-planet-earth See also: B. McGuire, Hothouse Earth: An Inhabitant's Guide (London: Icon Books, 2002).

5. Great Barrier Reef Foundation, What is coral adaptation? 17 June 2022, https://www.barrierreef.org/news/explainers/what-is-coral-adaptation

6. E. Cripps, What Climate Justice Means and Why We Should Care (London: Bloomsbury continuum, 2022). See also, for example, Jenny Stephens' criticism of what she calls 'climate isolationism'; 'climate change is not the problem' she argues. See: J.C. Stephens, Beyond climate isolationism: a necessary shift for climate justice. Current Climate Change Reports 8, 2022: 83-90.

7. L. Goering, Clean energy transition must be fast and fair, IPCC scientists say. Reuters, 4 April, 2022, https://www.reuters.com/article/climate-change-ipcc-society-idUKL5N2W10E3

8. Stephens, Beyond climate isolationism.

9. M. Nisbet, The science of science communication. The March for Science. Skeptical Inquirer 41(4), 2017, https://skepticalinquirer.org/2017/07/the-march-forscience

10. See Milton Horowitz's report on the annual meeting of the American Educational Research Association held on 19-21 February 1962, in Journal of Medical Education 37, 1962: 634-7.

11. A.H. Maslow, Psychology of Science: A Reconnaissance(Washington DC: Henry Regnery, 1969).

12. G.M. Kondolf et al., Save the Mekong Delta from drowning. Science 376, 2022: 583–5.

13. Quoted in H.P. Huntington et al., Climate change in context: putting people first in the Arctic. Regional Environmental Change 19, 2019: 1217–23.

14. Huntington et al., Climate change in context.